Luciano Pavarotti

ECON Sachbuch

Im ECON Taschenbuch Verlag ist außerdem folgender Titel von Jürgen Kesting lieferbar:

Maria Callas (TB 26017)

Zum Buch:

Der Tenor, so schrieb der Komponist Hector Berlioz, sei kein Wesen von dieser Welt, sondern eine Welt in sich. Es ist eine Beschreibung wie gemünzt auf Pavarotti. Der aus Modena stammende Sänger verkörpert zum einen die romantische Rolle des Künstler-Helden, zum anderen die des mit allen Mitteln und Maschen der Publicity aufgebauten modernen Stars. Er ist nicht mehr nur berühmt, weil er ein exzeptioneller Sänger ist, sondern er ist berühmt ob seines Ruhms, der sich seit Jahrzehnten vom Musiker Pavarotti abgelöst und verselbständigt hat. Jürgen Kestings dreiteiliger Essay handelt gleichermaßen von der Geschichte und vom Mythos der Tenorstimme, wie vom Ruhm, vom Musik- und Star-Betrieb mit all seinen Metastasen, und er endet mit einer Beschreibung der überprüfbaren künstlerischen Arbeiten des Sängers auf seinen vielen Schallplatten.

Zum Autor:

Jürgen Kesting wurde 1940 in Duisburg geboren. Er studierte in Köln und Wien Germanistik, Anglistik und Philosophie. Seit 1973 ist er Redakteur und Autor beim Stern. 1986 veröffentlichte er ein dreiteiliges Standardwerk »Die großen Sänger« und 1990 die Biographie vom Maria Callas.

Jürgen Kesting

LUCIANO PAVAROTTI

Ein Essay über den Mythos der Tenorstimme

ECON Taschenbuch Verlag

Bildnachweis:
Verlag und Verfasser danken der Firma Teldec Hamburg, für die Fotos in diesem Buch.
S. 1, 6, 8: dpa, Düsseldorf

Veröffentlicht im ECON Taschenbuch Verlag 1996

Umschlaggestaltung: Klaus Detjen
Titelabbildung: Teldec
Druck und Bindearbeiten: Ebner Ulm
Printed in Germany
ISBN 3-612-26225-4

»A te, o cara«

Inhalt

Vorwort

> Um gefragt zu sein und große Honorare zu kassieren, muß man, das versteht sich von selbst, gut sein. Aber berühmt muß man eben auch sein. Das sind zwei paar Stiefel. Das erste geschieht immer vor dem zweiten, und zwar ohne Probleme. Manchmal will der Ruhm gar nicht kommen, nicht einmal bei bedeutenden Talenten. (Wenn keinerlei Talent vorhanden, kommt er tatsächlich nur selten.) Manchmal ist der Ruhm sehr langsam, wenn er gute Stimmen einholen soll. Will sagen: Wenn der Sänger endlich im Licht des Ruhmes steht, ist er nicht mehr so gut wie in der Zeit vor seiner Anerkennung. Das trifft, glaube ich, auf die große Maria Callas zu.
>
> *Luciano Pavarotti: »Sich einen Namen machen«. In: Pavarotti. My own Story*[1]

DER Bariton Victor Maurel, der für Giuseppe Verdi in der Uraufführung des *Otello* den Jago und später auch die Titelrolle in *Falstaff* sang, pflegte über die Stimme Francesco Tamagnos zu sagen: »C'est la voix unique du monde.« Daraus sprach das Staunen eines Künstlers über einen Tenor, der seine hohen Töne, nach dem Wort eines Kritikers, »mit der Wucht achtzölliger Granaten durch den Raum geschossen hat«. Als Giacomo Puccini den jungen Enrico Caruso hörte, rief er staunend: »Wer hat dich geschickt? Gott?!«

Aus solchen Geschichten nährt sich die Aura um ein Wesen, das nicht von dieser Welt zu sein scheint, sondern eine Welt in sich ist: der Tenor. Der Mythos Tenor. Seit sieben Jahrzehnten wird dieser Mythos an Caruso festgemacht. So steht im Waschzettel eines Buches,[2] das zum 25. Bühnenjubiläum Luciano Pavarottis erschien, zu lesen, was auch schon über Benjamino Gigli, Mario Lanza und Mario del Monaco zu lesen war: »Seit Caruso hat kein Opernstar die Bewunderung eines so großen Publikums – vom *aficionado* der Oper bis zum einfachen Hörer – zu fesseln gewußt wie ...« Die Namen waren austauschbar und werden es bleiben – zum Zwecke der Metamorphose des Mythos.

Das zitierte Buch über den heutigen Erben des Mythos trägt den Titel *Grandissimo Pavarotti*. Eine Übertreibung? Waschzettel neigen zu lautem Lob, Titel oder Schlagzeilen zur Übertreibung. Dieser Titel ist keine, und der Waschzettel behauptet nichts Falsches. Bei Luciano Pavarotti ist kein Übersteigern mehr möglich – er selbst ist eine einzige Hyperbel.

Er ist mehr als ein Sänger, nämlich eine Tenor GmbH & Co. KG mit einem Sänger im Angebot. Dieser ist nicht länger ein singendes Subjekt, sondern eine Stimme, *die* Stimme. Durch diese allgegenwärtige Stimme sind Lieder und Arien, wenn sie es denn nicht längst schon waren, in Schlager verwandelt worden. »Nessun dorma« aus Giacomo Puccinis *Turandot* ward zur Siegeshymne der Fußballweltmeisterschaft und zu dem, was man einen Top-Titel in den Charts nennt. Eine Arie aus einer Oper? Nur selten noch, öfter, viel öfter die Tafelmusik, die im Ristorante Italiano oder der Pizzeria aus den Lautsprechern plärrt.

Die Stimme ist nicht mehr nur seine Stimme und nicht mehr die Stimme der Musik. Sie ist Entertainment. Er selber ist kein Sänger mehr, sondern Subjekt wie Objekt des Entertainments, der gigantischen *industry for human happiness*. Als Subjekt spielt er – höchst virtuos – seine Rolle, ab und zu in der Oper, öfter bei teuren Galas in schäbigem Ambiente, im Fernsehen, in Shows, in Clubs. Oper hier, Seifenoper dort – Gott, wer sähe noch den Unterschied?

Mit seinen Auftritten außerhalb der Oper, so hat er gesagt, wolle er bei einem neuen Publikum für die Oper werben. In der Tat, Werbung ist alles. Die Oper, das Fernsehen – und er selber. Wenn er singt, singt er nicht nur, sondern sein Lächeln verwandelt sich in Werbung für sein Singen: für das Produkt Pavarotti, diversifiziert als CD und Reklameseite für den bekannten Magenbitter, für Konzertkarten und Drucke seiner naiven Malerei, für Videos und Bücher. Er lächelt auch für Pelze und Kreditkarten.

Er spielt längst nicht mehr die alte, romantische Rolle des »Künstlers als Held«, wie Wilfrid Mellers sie definiert. Er spielt auch die des Freaks oder Monsters – wie immer die Medien ihn brauchen. Dessen ist er sich bewußt. Er weiß, daß er mehrere Rollen spielen muß, die sich ausschließen, und daß er überdies seine Identität reklamieren muß. Er muß seriös und albern sein, Sänger und Clown, Künstler und Kaufmann. Ob seine Gemeinde, längst der Bruderschaft eines Bhagwan ähnlich, ihn hört oder nur dem Hörensagen erliegt, daß sie ihn hören müsse, wer wollte das entscheiden. Er ist ja längst nicht mehr nur berühmt durch die Qualitäten seines Singens, sondern weil er grenzenlos berühmt ist.

Dieser Essay ist ein Versuch über den Ruhm. Ist des weiteren ein Versuch über den »Mythos Tenor« – der Versuch einer historischen Analyse und damit der eines Einspruchs. Durchaus nicht des Einspruchs gegen das, was scheinkritisch als Vermarktung hingestellt wird und als Kritik selber marktabhängig ist. Sondern des Einspruchs gegen die Beliebigkeit der Rezeption, die vor dem Ruhme kapituliert, das kritische Unterscheidungsvermögen für arrogant oder elitär hält und als Rohstoff der Kunst die Halbseide und Synthetics akzeptiert.

Dieser Essay handelt von der Tenorstimme und von der Stimme eines Tenors, der auf der Bühne einzig Werke singt, die zwischen 1830 und 1930 geschrieben worden sind. Von einer Stimme, die nicht in erster Linie eine *Stimme der Musik* ist wie beispielsweise die eines Nicolai Gedda, der seine Stimme in den Dienst von Musik aus drei Jahrhunderten gestellt hat. Er handelt von einer Stimme, die sich auf moderne Weise verwandelt hat in »die einzigartige Stimme der Welt« – »la voix unique du monde«.

VOM RUHM

Der *midcult* besitzt im Grunde die gleichen Qualitäten wie die Kultur der Massen, verdeckt sie jedoch mit einem kulturellen Feigenblatt. Er gibt vor, die Normen und Standards der hohen Kultur zu respektieren, obwohl er sie in Wirklichkeit verwässert und vulgarisiert.

Dwight McDonald: »Masscult and Midcult«[1]

Von der Vox populi

Aber dann schob sich aus dem Hintergrund ... auch schon der Leibhaftige nach vorn: Luciano Pavarotti, der trotz Diät immer noch so aussieht, wie Fettucine und Rigatoni schmecken, und der nun aus der goldigsten Kehle der Zunft lauter alte Kamellen ins kulturelle Sommerloch spuckte: »Lache, Bajazzo«, »Und es blitzen die Sterne«, »Martha, Martha, du entschwandest«. Da blieb kein Höschen trocken.

Klaus Umbach: »Oper dicke: Luciano Pavarotti«. In: Geldscheinsonate[2]

Die Einwände gegen derartige Veranstaltungen sind so alt- wie allbekannt: ein buntscheckiges Programm aus oft populären Nummern, hauptsächlich zum höheren Ruhm des kostbaren Singvogels ... und nicht jeder Superstar hält live wirklich das, was die PR-Maschinerie verspricht. Aber der Lieder- und Arienabend, den nun Luciano Pavarotti in der Frankfurter Alten Oper gab, erwies sich selbst für den Skeptiker als hohe Lektion in Stimmqualität und Gesangskultur ... Um so beeindruckender war gleichwohl Pavarottis vokale Facettierung an diesem Abend, bei dem es vielerlei zu bestaunen gab. Zunächst einmal eine frappierende, in diesem Ausmaß fast unerwartete Linearität und Schlankheit des Singens.

Gerhard R. Koch: »Der kolossale Tenor oder Konzert in Kostümen.« In: Frankfurter Allgemeine Zeitung[3]

Ein Abend in der Deutschen Oper Berlin Ende Februar 1988. Auf dem Programm steht Gaetano Donizettis *L'Elisir d'amore*. Ein hübsches Stück mit einer schwarzen Perle von Melodie darin, doch wohl nicht viel mehr als die halbe Flasche Chianti, welche der Quacksalber einem naiven Bauernburschen verabreicht. Vor zwei, drei Jahrzehnten wär's allenfalls ein Füllstück fürs Repertoire und für altgediente Ensemble-Mitglieder gewesen.

Und doch haben Berlins Musikfreunde, im Neudeutschen Musik*fans* genannt, tagelang vor den Kassen kampiert, als stünde der *Otello* oder *Tristan* auf dem Programm. Hunderte und Aberhunderte haben ihre Vorfreude genossen und sich ausgemalt, wie er von der heimlichen Träne singen wird, die sich aus ihrem Auge stahl, wie sie ihn feiern werden und daß er die Romanze vielleicht zweimal singen wird. Ja, und dann wird der Rekord fallen, dann wird's unweigerlich mehr als die 105 Vorhänge geben, mit denen der Clan dieses Spaniers sein Idol wenige Wochen zuvor belohnt hatte.

Daß die philharmonische Hundertschaft die Ouvertüre mit dem Brio einer besseren Kurkapelle abspult, hätte wohl, selbst wenn es aufgefallen wäre, keine Rolle gespielt. Denn auf der Bühne geht die Sonne auf – *er* ist da, er ist wirklich da in seiner ganzen Fülle und mit seinem allerliebsten Lächeln und singt sein kleines Entree »Quanto è bella, quanto è cara«; da hört und empfindet ein jeder nur »Quanto è bello, quanto è caro« – denn er und nur er ist es, der auf dem Programm steht: Luciano. Lucianissimo. *Tenorissimo.*

Der Hochgestimmtheit tut es keinen Abbruch, daß »Quanto è cara« nur mit Sonne im Lächeln, nicht aber mit Wärme im Ton vorgetragen wird. Es registrieren nur wenige, daß der wunderbare Rolando Panerai, obwohl seit fünfzehn Jahren durchaus kein junger Sänger mehr, immer noch mit prachtvollem Klang und den Finessen des *buffo*-Stils singt. Es murrt auch keiner über den Darsteller des Belcore, der nur noch mit den rauhen Resten seiner Stimme chargieren kann. Der Star des Abends hat ihn, aus welchen Gründen auch immer, haben wollen, und um den Star geht es ja, um ihn allein, der den tumb-gewitzten Bären mimt und Lebensfreude bereitet.

Und dann ist es endlich soweit; sie sind da, die fünf Minuten, da die Träne quellen soll: »Una furtiva lagrima«. Er singt dieses anmutig-elegische *larghetto* gekonnt und gut, singt es mit seiner makellosen Diktion, mit gespannter Phrasierung der langen Bögen, gibt den zärtlichen Gesten viel Nachdruck. Doch die Attacke des ersten Tons, dieser Anschlag auf »una« in der Schaltlage von der Bruststimme ins hohe Register, klingt ein wenig matt, ein wenig passiv, *piano* zwar, aber durchaus nicht *dolce*. Das *crescendo* in den zwölften Takt hinein, wenn nicht nur die Stimme singen, sondern Seele und Sinne »m'ama« jauchzen müssen, singt er gedeckt, ohne die klangliche Ausladung, welche die Caruso-Aufnahme auszeichnet. Die Seufzer der Seligkeit, vom Komponisten geschrieben als Noten, als Ziernoten, formt er sicher und genau, doch fehlt es auch dem *gruppetto* auf »lo vedo« an tonlicher Süße. Endlich die Kadenz, diese Koloraturkette, aufsteigend in vier Vierergruppen von Sechzehnteln auf das hohe A. Hat man nicht auch das schon schwungvoller und eleganter gehört, mit genauerer Definition der einzelnen Töne in der Kette? Und die letzte Phrase, dieser schmerzliche Liebesseufzer auf »d'amor« – wo ist die bittersüße Tongebung eines Tito Schipa, eines Ferruccio Tagliavini, wo die zehrende Liebesglut eines Caruso, wo jene *morbidezza*, die eine Seele im Fegefeuer trösten könnte?

Der Jubel gellt so laut und dauert so lang wie im Feuilleton: Er ist »nicht enden wollend«. So steht's tags darauf in

Berliner Zeitungen. Und *er* steht, als Statue seiner selbst, mit seligem Lächeln, ausgebreiteten Armen und in den Nacken gelegtem Kopf im Bad des Beifalls – nickt dem Dirigenten zu und beschenkt die Gemeinde mit einem *da capo*. Delirium im Hause, eine Stimme als Liebestrank. Die Gemeinde, die schon vorher berauscht sein wollte, jauchzt ihm zu mit selig-süchtigem Jubel, und zum Schluß wird der Beifall kommandiert, bis endlich 115 oder 117 Vorhänge erreicht sind, die Zahl schwankt und inflationiert bis auf 165 (und das im *Spiegel*); Rekord jedenfalls, der Spanier ist überboten, und die VIPs im Hotel Steigenberger müssen fast zwei Stunden lang auf ihn warten, bis er endlich mit Bühnenbart und Schminke, gewandet in ein buntes Tuch von der Größe eines Bettlakens, in den Festsaal und die Blitzlichter läuft, an seinem Hals hängt mal diese, mal jene Dame; und dann endlich, lange nach Mitternacht, darf er sich in einen kleineren Festsaal flüchten und an einem Tisch bei den Sponsoren sitzen. So schön kann Oper sein, wenn *er* da ist, obwohl es ja eigentlich ein Abend mit einer Oper war, über die man, wäre nicht er darin aufgetreten, snobistisch die Achseln gezuckt hätte.

Ein Abend in der Dortmunder Westfalenhalle, ein Jahr später. Es herrscht eine Atmosphäre wie vor einem Rennen, einer zirzensischen Darbietung oder dem Deutschen Schlagerwettbewerb. Das Publikum ist, frei nach Thomas Mann, »human-demokratisch nivelliert«. Ouvertüre zu Donizettis *Don Pasquale,* ein Auftakt à la Kurkonzert. Danach gibt es einen seltsamen Auftritt; wunderlich und faszinierend, wie der gewichtige Mann elastisch-schwankend auf die Bühne kommt und, an der Rampe angelangt, die Arme ausbreitet, das Publikum umarmt, den Kopf zurückwirft und bis in die hundert oder wieviel Meter entfernte letzte Reihe hineinlächelt, daß die Zähne blitzen wie die Sterne in der Arie aus *Tosca,* und am linken Arm baumelt eine kleine Flagge. Dann singt er die von tausend Stimmbändern wieder und wieder gekosten Vielliebchen der Oper – Arien, die längst Schlager sind, und zum Schluß die klingenden Postkarten aus dem Golf und den Gassen von Neapel.

Wunderlich und faszinierend ist die Wirkung der Stimme, die, durch Lautsprecher verstärkt, aus dem gewaltigen Körper in den riesigen Raum dringt. Nicht, daß die elektronische Nachhilfe aufdringlich wirkte und die Stimme auf die Trommelfelle hämmern ließe. Seltsam nur, wie schlank und zart sie wirkt, wie sie sich, obwohl stets gut hörbar, von ihrem leibhaftigen Ursprung ablöst und sich verliert – das wirkt fast so, wie Thomas Mann die Wirkung des uralten Grammophons im *Zauberberg* beschrieben hat: Man nimmt sie verkleinert wahr wie einen Gegenstand durch ein umgekehrtes Fernglas. Kenner mögen merken, wie ausgefeilt er die Schlußszene des Edgardo aus *Lucia di Lammermoor* singt, aber von der Klangpracht einer Tenorstimme, von den hohen Tönen, die den Hörer streifen wie ein Geschoß, vom vibrierenden Zauber ekstatischer Klangausladung ist nur wenig zu spüren.

Auch der Beifall hat, wie nur zu bekannt, seinen Ton, aber welchen hat er hier? Beklatschen die Zigtausend ihn, oder sind sie einfach nur zufrieden, daß sie bei einem Abend haben dabeisein dürfen für Preise bis zu 300 Mark pro Karte, bei einem Ereignis, das einfach phantastisch sein würde, sein müßte, nur grandios sein konnte? Jubeln sie, weil sie sich das Ereignis schönjubeln müssen? Jubeln sie, weil sie das Phantom der Oper erlebt haben, einen Sänger, der, wie das Magazin *Time* 1979 in einer Titelgeschichte schrieb, »die Opernwelt wie kein anderer mit einer erdbebenhaften Gewalt erschüttert hat«?[4] Müssen Sie ihm einfach zujubeln, weil er nicht trotz, sondern ob seiner lächelnden, strahlenden Massigkeit so ungeheuer *simpàtico* ist?

Ein Abend in der New Yorker Metropolitan Opera im Februar 1990. Auf dem Programm steht Verdis *Rigoletto,* inszeniert wie ein C-Movie ohne irgendeine spürbare Führung der Personen. In der Hofszene bewegen sich die Mitglieder des Chores wie ein dörflicher Gesangverein. Schon mit den ersten raschen Dialogpassagen, gesungen mit feinem *parlando,* steht er im Mittelpunkt – nicht durch seine physische Präsenz, sondern durch vokale Prägnanz, durch seine plastische, kristalline Diktion. Die Arie »Questa o quella« fällt ihm so schwer, wie sie ist; er hat einfach nicht die Verve, den *acuti* markante Akzente zu geben. Vor der kleinen Kadenz läßt er, um sich zu versammeln, ein paar Töne aus.

Keinerlei Reaktionen im Publikum, das beim folgenden *duettino* zwischen dem Herzog und der Gräfin Ceprano – »Partite, crudele« – offenbar nicht hinhört oder gar nicht versteht, was sich da abspielt. Daß sich da der zynische Libertin ans Werk macht, daß er mit honigsüßen Phrasen eine der Damen des Hofes verführt – und daß Pavarotti diese in der *passaggio*-Region liegenden Phrasen wirklich hochmusikalisch singt, leise und doch klangvoll. Wieder keine Reaktionen im Publikum. In seiner nächsten großen Szene, im Duett mit Gilda, beim *stretta*-Schluß (»Addìo, addìo speranza ed anima!«), steht ihm ein Mächtigkeitssprung bevor, einer auf das Des. Es ist für den Sänger eine optionale Note, er muß sie nicht singen, aber er hat sie früher, und vor allem auf der Platte, lustvoll und strahlend ausgeführt. Wird sie also nicht erwartet von seinen bis dahin noch nicht so recht wach gewordenen Fans?

Vermutlich weiß einer wie er ganz genau, ob die Stimme frisch genug ist, die höchsten Höhen zu erklimmen. Dann hebt sich der Kopf, dann geht's an die Rampe – und in New York zumal. Aber was tut er? Er nimmt, »Addìo« singend, die Hand seiner Gilda und führt sie zum Mund, dergestalt daß er mit seinen beiden Händen einen Trichter bildet. Und in diesen Trichter singt er hinein, aus dem es dann, ein wenig diffus und matt, herausschallt. Ein sängerischer Gaukeltrick. Im Publikum kaum eine Reaktion.

Es scheint auch keinem der Schnitt im zweiten Akt aufzufallen. Er singt die große Arie »Ella mi fu rapita – Parmi veder le lagrime«, erneut mit beträchtlichen Mühen beim leisen Tonanschlag in der *passaggio*-Lage. Aber die auf den anschließenden Chor »Duca, duca« folgende *cabaletta* »Possente amor«, die er auf Schallplatten und im Film immer gesungen und mit einem endlosen hohen D gekrönt hat, läßt er ganz aus – und es ist ganz deutlich spürbar, daß er sich eine solche Tour de force nicht mehr zumuten kann. »Warum soll ich mich einem solchen Risiko aussetzen«, hat er einem Journalisten gesagt, »wenn ich weiß, daß ich nicht mehr in der Verfassung bin.«

Natürlich kommt der Pflichtbeifall nach der *canzone* »La donna è mobile«, aber auf der Richter-Skala kein Ausschlag wie bei einem Erdbeben.

Der Abend nach dem Endspiel der Fußballweltmeisterschaft. Ein Gipfeltreffen ist angesagt. In den Thermen des Caracalla sollen zwei Orchester und drei Tenöre, vereint unter Zubin Mehta, eine Gala geben: neben Pavarotti die beiden Spanier Plácido Domingo und José Carreras. Hat ein Sänger einen ärgeren Feind als eine Kamera, die ihm ins Gesicht sieht und seine Anstrengung zeigt, das bleistiftdicke Hervortreten der Adern am Hals, die Anspannung der Muskeln, die ruckartigen Bewegungen des Kopfes bei der Bildung der A's, der B's oder der H's – das C stand erst gar nicht auf dem Programm. Allein bei Pavarotti war von dieser Anspannung (fast) nichts zu sehen und zu spüren. Sein Mund bildete ein schönes, rundes O, die Zähne blitzten, seine Augen lächelten, die Zunge lag flach im Mund und inhibierte nicht den Atemstrom – er erteilte den jüngeren Kollegen eine Lektion.

Der Abend war, freundlich betrachtet, ein höherer Jux der Kunst und, sachlich besehen, ein perfekt inszeniertes Stück Musikmarketing sowie, um ein Wortspiel Klaus Umbachs zu borgen, eine Verschiebung des *bel canto* aufs *bel conto.*[5] Natürlich wurde das Ereignis optisch wie akustisch aufgezeichnet und kam als Video, CD, Schallplatte und Musicassette heraus; natürlich verwandelte es sich in eine Goldene Schallplatte, wie alles zu Gold wird, was »Opera's Golden Tenor«,[6] dieser Midas der Stimmbänder, berührt. Ein Album mit dem Titel *Tutto Pavarotti,* eine Auswahl aus seiner riesigen Diskographie, erreichte eine Auflage von über einer Million Exemplaren. Das ist das Hundert- oder gar das Zweihundertfache dessen, was selbst arrivierte Sänger mit Recitalplatten erreichen.

Nach dem Zweiten Weltkrieg hat einzig Maria Callas, wenn auch gleich nicht als Sängerin, eine solche Aufmerksamkeit auf sich versammelt wie der Mann aus Modena. Auch er ist mehr als ein Sänger – oder besser: etwas anderes als ein Sänger, ein Massenphänomen nämlich, das längst nicht mehr nach sachlich-musikalischen oder ästhetischen Kriterien gehört und bewertet wird. Sein Ruhm, in den alle Elemente des Tenormythos hineingeflossen sind, hat sich verselbständigt zu einer internationalen *trade mark*.

Kann das mit rechten Dingen zugehen? Kann das der Lohn rechtschaffener künstlerischer Arbeit sein? Oder hat sich dieser Sänger, der bei seinen Großeinsätzen in Massenarenen und Luxushotels pro Abend eine halbe Million Mark und mehr verdient, nicht in einen Entertainer verwandelt oder auch in ein Unternehmen, »Pavarotti Inc.«, wie heute jene Magazine spöttisch schreiben, die bei seinem *build up* besonders kräftig nachgeholfen haben? Ist er überhaupt noch ein Opernsänger? Oder ist die Oper selbst nur mehr ein Steinbruch für vermeintlich gehobene Schlager – jedenfalls die Oper unseres heutigen Betriebs, die

Oper des Startheaters und der Festivals? Ist er die Symbolfigur für die Verwandlung oder für das, was Finanztechniker als *turnover* verstehen?

Von Königen und Potentaten

> Die Tatsache, daß es kaum noch Könige und Prinzen gibt, scheint eine Sehnsucht nach Ersatzmonarchen hervorzurufen. Jedenfalls hat der Kult um die Persönlichkeit, der die hohe Kultur niederzieht, seit über einem Jahrhundert das musikalische Leben hierzulande (in den USA) stärker beeinflußt als andernorts in der Welt. Die technologische Maschinerie des *midcult* im 20. Jahrhundert ist vorab eine amerikanische Maschinerie, der es um Marketing, um Breitenwirkung, emotionelle Wirkung und persönliche Manier geht.
>
> *Joseph Horowitz: Understanding Toscanini*[7]

WIR leben im Zeitalter des Ruhms und der Berühmtheiten. Das, was im angelsächsischen Sprachraum als *celebrity* bezeichnet wird, ist jemand, der nach der hübschen Tautologie des Historikers Daniel Boorstin »bekannt dafür ist, daß er so wahnsinnig bekannt ist«.[8] Vor zwanzig Jahren noch wäre er als »Star« bezeichnet worden, zehn Jahre später mußte es der »Superstar« sein, und heute, so ergeht es den Hyperbeln, zählt einer erst, wenn er ein »Megastar« ist. Der Maßstab für dessen Inthronisierung liegt allein in der Magie der großen Zahl: wie viele Zuschauer da waren, wie hoch die Auflage, wie groß die Einschaltquote – als wären dies nicht auch Indikatoren für die Einfaltsquote – und vor allem die Höhe der Gage war.

Solch eine Wesenheit ist nur aus der Psychosomatik des Zeitgeistes – oder von Geisterzeiten? – zu erklären: als eine Objektwahl auf narzißtischer Basis. Der Star/Superstar/Megastar verwirklicht sich nicht durch sich selber, sondern indem das, was als sein Charisma ausgegeben wird, die Erwartungen seines Publikums erfüllt, das kaum mehr in der Lage ist, auch nur die Qualitäten eines tüchtigen Kunst-Handwerkers zu beurteilen. Er, das von Werbung und Public Relations behauptete Genie, darf sich allenfalls in einer säkularisierten Ikonographie – wie der auf Plakaten und Platten-Covers in sich und die Musik versunkene Herbert von Karajan – als Kunstheiliger präsentieren, doch will man wissen, wie denn der große Künstler als Mensch ist, welche Hobbys und welche sexuellen Neigungen er hat, wie er wohnt und welches Auto er fährt, in welchen Discos er gesichtet wird und wo er seinen Urlaub verbringt. Kurz, er muß sich, der Mensch ist die *message,* in eine Talk-Show-Personality verwandeln oder auch, der »Tauschzynismus«[9] macht vor nichts und niemandem halt, in eine Ware und zugleich in deren personalisierte Werbung.

In seiner *Kritik der zynischen Vernunft* hat Peter Sloterdijk, auf Georg Simmels *Philosophie des Geldes* rekurrierend, gesagt, daß für Geld »Werte« eingekauft werden, die eigentlich nicht unter den Begriff der Waren fallen. Bei Simmel heißt es: »Je mehr das Geld ... zum alleinigen Interessenzentrum wird, je mehr man Ehre und Überzeugung, Talent und Tugend, Schönheit und Heil der Seele dagegen eingesetzt sieht, eine um so spöttischere und frivolere Stimmung wird diesen höheren Lebensgütern gegenüber entstehen, die für dasselbe Wertquale feil sind wie die Güter des Wochenmarktes.« Sloterdijk überträgt das auf die *modern times* und folgert: »Erst in einer Situation der universellen Verführung – in der zudem die Verführten das Wort Korruption längst als moralisch überspannt empfinden – kann die Simmelsche ›frivole Stimmung‹ gegenüber den höheren Lebensgütern (von nun an: sogenannten höheren Lebensgütern) zum Kulturklima werden.«[10]

Die magische Verwandlung eines Künstlers in einen König, eines Menschen in eine *message* und der von ihm vertretenen Talente in Tauschwerte hat einen Namen: Luciano Pavarotti. Und für den Namen steht allerlei Numinoses. Mitte der siebziger Jahre, da er an der New Yorker Metropolitan Opera den Arturo in Vincenzo Bellinis *I Puritani* sang, die Partie des Giovanni Battista Rubini, stellte das amerikanische Magazin *Newsweek* »The Great Pavarotti« vor – in einem Bericht mit süffigen Anekdoten für ein Hollywooddrehbuch. Seither wird über ihn mit jenem hyperbolischen Vokabular geschrieben und geschwärmt, das sich ständig selbst überbieten muß. »*Big P.*« ward er genannt und »Opera's Golden Tenor«, »Lucianissimo«, und, mit der Frivolität des sexuellen Innuendos, »deep throat«, der »König der hohen C's«, »Grandissimo Pavarotti« oder auch einfach »der König«.[11]

Systematischer und erfolgreicher als mit ihm wurde die Herauslösung eines Künstlers aus dem Schutz- oder Sperrbezirk der sogenannten ernsten Musik und das *build up* zu einem Star/Superstar/Megastar noch nie betrieben. Zwar absolviert er an der New Yorker Metropolitan Opera und bei Gastspielen in Paris und Wien, Berlin und in diesem oder jenem Provinztheater, das sich und seinem Publikum mal was gönnen will, jene Auftritte, die beim Sport als Pflicht bezeichnet werden; die Kür aber gibt er in Sportarenen und sonstigen Stadien. Den Zulauf der Massen sichert sein Fernsehruhm, der eben nicht nur der Ruhm des Sängers, sondern der Ruhm seines Ruhms ist und der eines entwaffnenden Lächelns, das eben nicht nur ein Lächeln, sondern das berühmte Strahlen von »O sole mio« ist.

Dieses sonnige Lächeln, diese in Mimik verwandelte Postkarte mit dem Bild vom Zauber des Südens, strahlt auch für die Kreditkarten von American Express – ein Faktum, das von einigen Kritikern, die von ihrer moralischen Überspanntheit ja einfach nicht zu kurieren sind, bitter kommentiert worden ist. Pavarotti, von einem Redakteur des Magazins *People* befragt, sagte: »Es gibt da Dinge, welche die kleine Welt der Oper an ein größeres Auditorium heranbringen, und mir ist es vollkommen gleichgültig, wie wir das tun. Wir müssen an die Menschen herangehen, und wenn jemand dies nicht versteht, ist das einfach zu dumm.«[12] Dem Fanblatt *Ovation* sagte er: »Wenn ich ein Opernhaus mit 10 000 Plätzen füllen könnte, indem ich im Fernsehen Margarine verkaufen würde, täte ich das und wäre stolz darauf.«[13] Eine scheinbar unwiderlegbare, weil für »demokratisch« genommene Antwort. Sie paßt zum Klischee vom Künstler, der auf breiter Basis wirkt, der dem einfachen Publikum die »Schwellenangst« nimmt durch seine Absage an die vermeintlich elitäre Oper.

Pavarottis langjähriger Manager Herbert Breslin rückt den Sachverhalt ins rechte Licht, wenn er in seinem Feature »Managing Pavarotti«[14] anmerkt: »Es ist, denke ich, nicht das allerbeste Zeichen für unsere Kultur, doch haben ihn *TV-commercials,* in denen er für American Express wirbt, Luciano bei den Leuten bekannter gemacht, als er es durch achtzehn Jahre superbes Singen in den Opernhäusern der Welt geworden war. Also sind diese Gastspiele höchst nützlich, weil er dadurch um so besser wiedererkennbar ist.« Mit diesem Satz allerdings wird das Bild des Stars, um es mit einer Metapher von Ernst Bloch zu sagen, zur Kenntlichkeit entstellt. Er muß wiedererkennbar sein – und das kann er flächendeckend nur erreichen als permanenter Interviewpartner von »*Playboy, People, Brigitte, Il Giorno*

– *e tutti quanti*«, als Tennispartner von John McEnroe für die Spieldauer »Aufschlag, Return, Lächeln und Foto«: »Ehi, Luciano: son qua! Luciano qua, Luciano là, Luciano su, Luciano giù. Pronto, prontissimo. Son come il fulmine. Sono il factotum …« Aber er ist nicht das Faktotum der Stadt, sondern des Betriebs schlechthin, dessen universale Metapher.

Nun hat ausgerechnet William James Henderson, dessen scharfe, ja ätzende Urteile sich heute kein Kritiker ohne das Risiko eines zivilrechtlichen Prozesses erlauben könnte, in seinem Buch über *The Art of Singing* dem Sänger generell zugestanden, daß er »das Heu im Sommer seiner Karriere«[15] zu machen habe. Und wer in der Geschichte des Singens hätte sich nicht nach dieser Maxime gerichtet? Einige der erfolgreichsten Kastraten ersangen sich riesige Landsitze. Adelina Patti verdiente an einem Abend soviel, wie der amerikanische Präsident als Jahresgehalt erhielt, und als sie vorwurfsvoll mit diesem Sachverhalt konfrontiert wurde, erwiderte sie: »Let him sing.«

Immerhin hat auch ein Caruso, der erste »plebejische Tenor« – er war Sänger des Volkes, und sein Mythos ist fundiert auf der typisch amerikanischen Erfolgs- und Aufsteigergeschichte –, bei seinen späten Gastspielen in Südamerika Gagen erhalten, die nach heutiger Kaufkraft zwischen 100 000 und 200 000 Mark betrugen, und einen Besitz von – wieder nach heutiger Kaufkraft – 50 Millionen Mark hinterlassen.[16]

Der Neid zieht sich mancherlei Kostüme an, auch das kritische. Es gibt, wie Rolv Heuer in einem hinreißenden Buch über *Genie und Reichtum* dargelegt hat, eine seltsame »Physiologie der Brieftasche« – und eine noch seltsamere Psychologie von Historikern, Biographen und Rezensenten (zu denen ja die einst ernsthaften Kritiker nach Hans Magnus Enzensberger[17] geschrumpft sind). Heuer schreibt: »Derselbe Geist, der Worte macht und Werte schafft, füllt auch Brieftaschen und Bankkonten. Das verzeiht man ihm ungern. Einige Jahrhunderte Geschichtsschreibung haben uns darauf trainiert, die großen Werke großer Geister als Geschenke an die Menschheit anzusehen ... Der Gedanke galt als obszön, daß die Genies Geld für ihr Genie nehmen. Was aber sollen sie sonst dafür nehmen? Der Dank der Welt füllt keinen Magen. Warum sollte der Nachruhm in der Welt nicht einen Vorschuß zu Lebzeiten rechtfertigen? Jedes Gehirn hängt an einem Darm ... Geist duftet, Geld stinkt. Gegen den Geruch des Geldes hilft die Heiligenverehrung des Genies. Das ist ein bewährtes Deodorant. Wir reden nicht darüber, was dem Genie gehört. Das gehört sich nicht. Dem Genie gehört ein Platz in unseren Herzen.«[18]

Es geht hier beileibe nicht darum, einen Sänger zum Genie zu stilisieren, sondern um die Psychologie einer Kritik, die gerade in den Medien geübt wird, deren Eigner mit dem, was Peter Sloterdijk als »Informationszynismus«[19] bezeichnet, gewiß nicht schlechter fahren als ein arrivierter Musiker. Die Kritik an den ökonomisch ungewöhnlich erfolgreichen Musikern, von denen es gewiß weniger gibt als erfolgreiche Kaufleute und Manager, beruht auf der Unterstellung, daß Geld eben doch stinkt. Und sie wird betrieben nach jenem Sensationsstil, der nach Sloterdijk »einen längst überholten primitiv-moralischen Rahmen restauriert, um die Sensationen als etwas darbieten zu können, was aus diesem Rahmen fällt – und sei es die Ungeheuerlichkeit, daß ein Sänger ersten Ranges an einem Abend zwanzig- oder dreißigtausend Mark kassiert. Kaum einem der Medien-Moralisten scheint es aufzufallen, daß Spitzensportlern für einen Turniersieg unter Umständen das Zehnfache bezahlt wird.«[20]

Es kommt hinzu, daß die erfolgreichen Künstler durchaus nicht nur die Maden im Speck des Kulturbetriebs sind, sondern von der Politik und Wirtschaft gehätschelt werden. Die Opernhäuser, die Theater, die Konzertsäle mögen entstanden sein als Ausdruck eines kulturellen bürgerlichen Stolzes; subventioniert werden sie heute, weil sie – Stichwörter: Standortfrage, Tourismus, Umwegefinanzierung für die Gastronomie – nicht einmal nur mittelbar Wirtschaftsfaktoren sind oder auch Kosmetik für das, was bei den Unternehmen *corporate identity* heißt und bei Besuchen der VIPs auf der Kulturkirmes verklärt wird mit dem erhabenen und erhebenden Satz: »Der Mensch lebt nicht von Brot allein.«

Seltsam und anachronistisch nur, daß gerade diejenigen, die am willfährigsten »ins Bett mit dem käuflichen Ruhm gehen« (Klaus Umbach) oder als Manager die Zuhälter der Stars sind, in Sonntagsreden und -predigten die moralische, ästhetische oder sozialhygienische Bedeutung der Kultur verklären – als wäre diese nicht das ästhetisierte Abziehbild einer Konjunktur, die das Tauschprinzip universalisiert hat.

Der Star/Superstar/Megastar Pavarotti spielt nur einen Part in diesem Spiel: Er singt als idealer Werbeträger mit der schönsten Stimme in dieser seltsamen Symphonie.

Von einem unaufhaltsamen Aufstieg

Seit seinem Anfang hatte ich nie einen Zweifel daran, daß Luciano eines Tages ein ganz großer Tenor sein würde. Es lag nicht nur an seiner Stimme, sondern an der Art seiner Arbeit – er war engagiert, wach und reif. Er trödelte nicht herum, sondern er mühte sich mit größter Ernsthaftigkeit um die Vervollkommnung seiner Stimme.

Arrigo Pola: »Pavarotti beim Unterricht«. In: Pavarotti. My own Story[21]

WAS ist da nur geschehen in gut einem Jahrzehnt – nach den fünf Jahren der Ausbildung zwischen 1955 und 1960, weiteren zehn Jahren einer ganz normalen Laufbahn und noch einmal sechs oder sieben Jahren des Aufstiegs in den Ruhm –, wenn das nicht, wie so oft, ein Abstieg in die Berühmtheit gewesen sein sollte. Nichts verlief ungewöhnlich oder gar sensationell in jenen frühen Jahren. Der Sohn des Bäckers Fernando Pavarotti, auch er mit einer ungewöhnlichen Stimme begabt, aber mit Auftrittsangst geplagt, absolvierte die Schule, arbeitete eine kurze Zeit als Lehrer und begann als Zwanzigjähriger mit dem Studium bei Arrigo Pola, einem Tenor, der keine bedeutende Karriere gemacht hatte, aber ein tüchtiger Lehrer war. Seine ersten Vorstellungen davon, wie eine Tenorstimme klingt und wie sie musiziert, hatte er von Schallplatten empfangen: durch die Aufnahmen von Enrico Caruso, Aureliano Pertile, Benjamino Gigli, Tito Schipa, Mario del Monaco und Giuseppe di Stefano.[22]

Offenbar folgte Pola alten, uralten Regeln und Maximen. Er arbeitete mit seinem Schüler an Skalen und der korrekten Klang- bzw. Vokalbildung, dem *sine qua non* für technisch sauberes Singen – verewigt in einer vielleicht apokryphen, jedoch kostbaren Anekdote über den Unterricht, welchen der Kastrat Gaetano Caffarelli (1703–1783) durch den Sänger und Komponisten Nicola Porpora (1686 bis 1766) erfahren hat. Letzterer soll seinem Schüler eine einzige Seite mit Vokalisen sowie technischen Übungen aufgeschrieben und ihn aufgefordert haben, diese täglich zu singen; und nach sechs Jahren, nach sechs endlosen und ermüdenden Jahren, soll er Caffarelli mit dem Satz entlassen haben: »Es gibt nichts mehr, was ich dir beibringen könnte – du bist der größte Sänger der Welt.«[23]

Anders als viele, die von Anfang an Arien und Lieder studieren, studierte er, so seltsam das klingen mag, Singen. Dieses beginnt nicht, sondern endet mit Ausdruck und Interpretation – und deren Voraussetzung ist die Beherrschung der Technik. Die Beherrschung von Skalen, von Verzierungen, von Trillern muß vom Sänger ebenso verlangt werden wie von jedem anderen Musiker. Wie verführerisch jener Sinnenreiz auch sein mag, der den Kult um die sogenannte schöne oder goldene Stimme zeugt, er hat mit der Kunst des Singens nichts zu tun. Martin Mayer weist in seinem Essay über Pavarotti zu Recht darauf hin, daß der Pianist Rudolf Serkin – durchaus kein Anwalt leeren Virtuosentums – bei seinem Antritt als Leiter des Curtis Institute of Music in Philadelphia nicht nur für Sänger, sondern auch für Pianisten und Geiger das Studium des *solfeggio* wieder einführte.[24]

Noch während der ersten Studien bei Pola arbeitete Pavarotti zunächst als Lehrer und dann als Versicherungsagent. Mit der melodramatischen Eloquenz des Italieners erzählte er später, daß die rhetorischen Dauerübungen beim Buhlen um die Kunden der Singstimme schadeten. Als Arrigo Pola seine Aktivitäten als Sänger und vor allem als Lehrer nach Japan verlegte, dem damals neuen und rasant expandierenden Markt für die »klassische« Musik, wechselte Pavarotti 1957 zu Ettore Campogalliani nach Mantua. Nach drei weiteren Studienjahren, in denen er nach eigenem Wort mit einer »kleinen, feinen und interessanten, einer weichen, süßen und runden Stimme«[25] hier und dort gesungen hatte, quittierte er den Job bei der Versicherung und konzentrierte sich nur noch aufs Singen. Er wurde belohnt, als er im Frühjahr 1961 einen Wettbewerb gewann, den Peri-Preis in Piacenza, dessen Jury von Mafalda Favero geleitet wurde. In der Hauptstadt der Provinz, in Reggio nell'Emilia, konnte er daraufhin als Rodolfo in Puccinis *La Bohème* unter Francesco Molinari-Pradelli debütieren, der dem jungen Tenor sogleich klarmachte, daß die von Verdi beklagte und seit Toscanini akzeptierte »Diktatur des Taktstocks« ungebrochen war. Molinari-Pradelli (»The best arm I have ever seen«, sagte der Sänger) sollte später bei den Debüts Pavarottis an der Mailänder Scala, an der Met und in der Arena von Verona am Pult stehen.

Was gäbe man darum, von Enrico Caruso oder von Maria Callas zu wissen, wie sie als ganz junge Sänger, zum Zeitpunkt ihres Debüts, geklungen haben. »Il Debutto di Pavarotti« liegt in Auszügen, und in einer durchaus akzeptablen Klangqualität, vor, weil der Schriftsteller Vladimir Nabokov einen Freund beauftragt hatte, das Debüt seines Sohnes Dimitri, der den Colline sang, mitzuschneiden. Trotz einiger Unsicherheiten, verständlich bei einem Anfänger, errang er mehr als nur einen Achtungserfolg. Vielleicht liegt's an der schönen Erinnerung an den glückhaften Abend, daß er die Akustik des Teatro Municipale mit seinen tausend Plätzen als die beste bezeichnet, die er kennt. Sicher ist jedenfalls, daß einem jungen lyrischen Tenor nichts Besseres widerfahren kann, als in einem kleinen Haus und ohne den Zwang zur Ausladung zu beginnen. Der Mitschnitt zeigt gleichwohl, daß er bei einigen Interjektionen im quasi-dialogischen Teil des ersten Aktes kräftig akzentuiert und auch die ungemein schwierigen Phrasen der Arie ab »Talor dal mio forziere« mit zuviel Volumen singt – jedenfalls nicht so schlank und fein wie später in der subtilen Aufnahme unter Herbert von Karajan. Daß er unter dem inneren Zwang steht, etwas vorzuzeigen, verrät der Hochdruck des C am Ende des ersten Aktes. – Immerhin ermutigte ihn der Erfolg, seine Verlobte Adua Veroni zu heiraten.

In den Monaten bis zum Sommer studierte er auf Geheiß eines Agenten, der ihn sogleich unter Vertrag genommen hatte, vier Partien: Herzog in *Rigoletto*, Edgardo in *Lucia di Lammermoor*, Alfredo in *La Traviata* und Pinkerton in *Madama Butterfly*. Nur sie sollte er in den ersten beiden Spielzeiten singen und dadurch zu einigem lokalen Ruhm gelangen. Am 15. März 1962 sang er in Palermo die erste von vier Aufführungen als Herzog in *Rigoletto* unter Tullio Serafin, der mit fast 84 allerdings viel zu alt war, um noch einmal den Architekten einer Karriere spielen zu können, wie er das einst bei Rosa Ponselle und Maria Callas getan hatte. Pavarotti hat dem Verfasser erzählt, daß er bei einer der ersten Proben eine effekthascherische Kadenz gesungen habe und von Serafin deswegen gemaßregelt worden sei. In der Generalprobe allerdings sollte er auf einmal diese Kadenz doch singen, und Serafin verblüffte den Sänger ebenso wie die Orchestermusiker mit dem Satz: »Diese Kadenz ist genau richtig für den jungen Mann.« Später sagte er dem verdutzten Tenor: »Weißt du, mein Lieber, dein Beifall ist auch mein Beifall.«

Wie so viele Sänger unserer Zeit, und das gilt gerade für die talentiertesten, bekam Pavarotti keine Chance, sich in einem festen Ensemble zu entwickeln, wie es bis in die fünfziger Jahre selbstverständlich gewesen war. Er gastierte überall dort, wo man ihn wollte: nach der *Rigoletto*-Aufführung in Palermo zunächst in Forlì, Bari, Rovigo, Bologna und Piacenza, dann vom 18. Januar 1963 an in Utrecht, Den Haag und Rotterdam. Am 24. Februar 1963 debütierte er als Rodolfo an der Wiener Staatsoper, sang dort wenig später auch den Herzog (»Stimmglanz, aber herzlos«, das schrieb damals Karl Löbl) und kam endlich im September desselben Jahres an die Royal Opera Covent Garden. Wieder sang er, den unzuverlässigen Giuseppe di Stefano ersetzend, den Poeten in Puccinis Künstleroper. Daß er seine nächsten Aufführungen als Herzog, Rodolfo und Alfredo in Ankara, Budapest und Barcelona sang, zeigt, daß er damals seine Karriere auf Reisen suchte – und durchaus noch kein Star war.

Von Bedeutung allerdings waren die zwölf Aufführungen als Idamante in Mozarts *Idomeneo,* die er im Juli 1964 in Glyndebourne sang. Sie machten ihn in der angelsächsischen Welt bekannt – über die künstlerischen Ergebnisse wird später zu handeln sein – und führten auch zu der folgenreichen »Sutherland Connection«. Im Mai 1964 sang er in London den Elvino neben der Amina der Sutherland in Bellinis *La Sonnambula* und ging dann mit der *diva* auf eine Tournee nach Australien. Am 9. Dezember 1965 debütierte er als Herzog an der Scala und sang dort in den folgenden drei Monaten auch den Rodolfo und den Teobaldo in Bellinis *I Capuleti e i Montecchi* – in einer von Claudio Abbado betreuten und heftig umstrittenen Aufführung, weil die vom Komponisten für einen Sopran vorgesehene Rolle des Romeo von Giacomo Aragall gesungen wurde. Trotz aller unbestreitbaren Erfolge, die Pavarotti hatte, zog Herbert von Karajan ihm noch 1966 bei einem Scala-Gastspiel in Montreal den erfahrenen Carlo Bergonzi als Solisten in Verdis *Messa da Requiem* vor. Als der Dirigent aber am 16. und 18. Januar 1967 das Werk zum hundertsten

Geburtstag und zehnten Todestag von Arturo Toscanini an der Scala zur Aufführung brachte, sang Pavarotti neben Leontyne Price, Fiorenza Cossotto und Shirley Verrett sowie Nicolai Ghiaurow.

Am 24. Juni 1967 sang er an der Covent Garden Opera die erste von fünf Aufführungen der Spieloper *La Fille du Régiment* in französischer Sprache, und es wurde ein folgenreicher Abend. Die Partie des Tonio, die er rein phonetisch hatte lernen müssen, liegt in sehr hoher *tessitura,* mit neun hohen C's allein in der Arie »Pour mon âme – Ah, mes amis«. Pavarotti soll sie, schreibt Martin Mayer, »verstreut haben wie Reis bei einer Hochzeit«[26] – und mit der Wiederholung dieser *tour de force* sechs Jahre später an der New Yorker Met und bei weiteren Aufführungen in Boston, Cleveland, Atlanta, Memphis, New Orleans, Minneapolis und Detroit auch seinen Ruhm in den USA begründet haben.

Diese Behauptung fügt sich zwar gut ein in die Geschichte einer Karriere – was könnte eine Tenorsensation besser bestätigen als eine Salve von C's? –, der Bericht von Alan Jefferson in *Opera* erzählt indes von einer szenisch und darstellerisch völlig mißratenen Produktion. Der Kritiker rühmte lediglich die exemplarische Gesangskunst der *diva,* und über den Tenor schrieb er: »Luciano Pavarotti versetzte das Publikum in größte Spannung mit der Folge seiner hohen C's in der Arie des ersten Aktes ... doch ist der Klang dieser Töne für mich eher bemerkenswert als schön.«[27] Immerhin brachte auch die Mailänder Scala das Werk anderthalb Jahre später heraus; diesmal sang Mirella Freni die Marie. Claudio Sartori schrieb, wiederum in *Opera,*[28] hymnisch über diese Aufführung.

Sein amerikanisches Debüt gab er am 11. November 1967 als Rodolfo, neben Mirella Freni als Mimi, an der Oper von San Francisco. Es war ein einmaliges Gastspiel. Ihm folgten knapp ein Jahr später im Oktober und November 1968 vier Aufführungen von Donizettis *Lucia di Lammermoor* mit Margherita Rinaldi. An der Westküste sollte er später viele seiner neuen Rollen erproben – Riccardo in *Un Ballo in Maschera,* Fernando in *La Favorita,* Rodolfo in *Luisa Miller,* Manrico in *Il Trovatore,* Calaf in *Turandot,* Enzo in *La Gioconda* und Radames in *Aida* –, auch und gerade für seine Auftritte an der Met. Dort hatte er am 23. November 1968 bei seinem Debüt als Rodolfo wenig Glück. Er war indisponiert und mußte die zweite Aufführung sogar nach dem zweiten Akt abbrechen. 1969 sang er fast nur in Italien, überwiegend an der Scala (Rodolfo, Tonio und Des Grieux in *Manon*), doch von einiger Bedeutung waren fünf Aufführungen von Bellinis *I Puritani* in Bologna. Zu Beginn der nächsten Saison (1969/70) unternahm er einen neuen Anlauf, in den USA zu reüssieren: mit jeweils vier Aufführungen von *La Bohème* und *L'Elisir d'amore* in San Francisco. Nach zwei Gastspielen in Mexico City sang er für den Rest der Saison, vom November 1969 bis zum Mai 1970, nur 24 Aufführungen in Italien.

Im Oktober 1970 rehabilitierte er sich neben Renata Scotto als Partnerin mit vier Aufführungen von *Lucia di Lammermoor* und zwei von *La Traviata* neben der Sutherland an der Met. Der Edgardo zählt sicher zu seinen besten und effektvollsten Rollen, und er hat sie auch neben Joan Sutherland, Beverly Sills, Margherita Rinaldi, Virginia Zeani, Cristina Deutekom, Edda Moser und Luciana Serra gesungen. Hingegen singt er den Alfredo gut und ungern – *La Traviata* ist einfach die Oper des Soprans, und mit dem bürgerlichen Bürschchen, das der Alfredo nun einmal ist, avanciert man schwerlich zum Publikumsliebling.

Dies erreicht man eher durch den Nemorino in Donizettis *L'Elisir d'amore,* worin er am 8. Dezember 1970 die Saison-*prima* der Scala bestritt. Er hatte den tumben Herzensbrecher zuvor nur in Australien während der Tournee mit der Sutherland, 1968 zweimal in Modena, im Oktober 1969 viermal in San Francisco gesungen, und er machte später eine Spezialität daraus, indem er mit Raffinement den Naiven darstellte: in Form einer ironischen Selbstdarstellung, ja einer Persiflage des Tenor-Tölpels. Danach folgten, fast monoton, die Edgardo-Rodolfo-Herzog-Gastspiele allüberall; vom 10. März bis zum Oktober 1971 kam der junge Star mit zwei Rollen aus, dem Rodolfo und dem Herzog. Nach fünf Aufführungen von Verdis *Un Ballo in Maschera* in San Francisco (ab dem 25. Oktober) kamen bis zum Ende der Saison 1971/72 wieder nur Rodolfo, Edgardo, Tonio und einmal der Arturo in *I Puritani* neben Beverly Sills hinzu.

Die Salve der hohen C's in den fünfzehn Aufführungen von Donizettis *La Fille du Régiment* in New York und in sieben weiteren Städten der USA sind nachträglich als die Startschüsse zu seiner Karriere dargestellt worden. Pavarotti selbst sieht das ähnlich. »Es reichte nicht«, schreibt er in *My own Story,* »schöne hohe C's in *La Bohème* oder in *Lucia* zu singen. Ich hatte neun hohe C's in Serie abzuliefern, bevor ich die Aufmerksamkeit des New Yorker Publikums gewann.«[29] Jedenfalls avancierte er zum Topstar der Met, sang dort 1972/73 allein zwischen dem 1. Dezember und dem 10. Februar mehr als ein Dutzend Aufführungen – wieder Rodolfo, Edgardo, Tonio, Herzog und Riccardo. Bis Mitte der siebziger Jahre hat er sein Repertoire nur um den Fernando in *La Favorita* und den Rodolfo in *Luisa Miller* erweitert, ist dabei aber, obwohl die Verdi-Partie schon ihre Härten hat, über die Fachgrenzen nicht hinausgegangen. Ohne diese Vorsicht hätte er seine Stimme, wegen ihrer Helligkeit und ihrer feinen Lasur ein empfindliches Instrument, gewiß nicht so lange bewahren können. Er war klug genug, nach einem Blick in die Partitur nein zu sagen, als ihm die Scala den Arnold in *Guglielmo Tell* anbot – jene

456 G's, 93 A's, 54 B's, 15 H's, 19 C's und 2 Cis, die James Joyce[30] einst gezählt, hatten ihn doch zu sehr geschreckt. Bedauerlich aber, daß er keine einzige Rossini-Rolle gesungen hat und eine Mozart-Rolle wie den Ferrando ablehnte, die ihm Georg Solti am Covent Garden anbot – auch deshalb, weil es keine Starrolle ist?

Hingegen sang er, nach dem Elvino in *La Sonnambula*, den Arturo in Bellinis *I Puritani* neben Joan Sutherland, Sherrill Milnes und dem jungen James Morris unter Richard Bonynge. So wie ziemlich genau zwei Jahrzehnte zuvor Maria Callas vor ihrem Debüt an der Met durch eine Titelgeschichte von *Time* in die *diva furiosa* verwandelt worden war, machten die zehn Aufführungen ab dem 25. Februar 1976 aus einem erfolgreichen Sänger eine Chimäre: »The Great Pavarotti«. *Newsweek* schilderte einen unersättlichen *latin lover* und einen wahren Gargantua mit einem Gewicht, das, so das Magazin, von Freunden auf 350 Pfund geschmeichelt und von Feinden auf 400 Pfund hochgelogen wurde, zitierte ihn mit angstvollen Bekenntnissen ob der Höhenlage seiner Partie, als ob es um einen Salto mortale ohne Netz ging, und würzte die Story mit allerlei skurrilen Anekdoten aus dem unerschöpflichen Arsenal von Legenden, die aus der Geschichte der Zunft bekannt sind.

Die das Singen selbst betreffenden Hinweise allerdings blieben vage und pauschal. »*I Puritani* verlangt nach einem Tenor«, hieß es, »der mit voller Kraft fast ständig im oberen Teil seines Registers singen kann. Pavarotti ist einer der wenigen lebenden Tenöre, die dazu in der Lage sind, doch selbst er hat die höchsten Töne der Rolle, zwei D's und ein unerreichbares F über dem hohen C, transponiert auf ein beinahe unerreichbares Cis. ›Es ist wie ein Nonstop-Hochspringen, wobei die Latte stets auf Weltrekordhöhe liegt‹, sagt er.«[31] Diese Schilderung wirkt einigermaßen dramatisch und besagt eigentlich nur, daß das Singen ein hohes Maß an athletischer Energie erheischt. Sie unterschlägt allerdings alle technischen Voraussetzungen des Singens, vor allem die der Stimmproduktion; unterschlägt, daß die Tenöre in den ersten drei, vier Jahrzehnten des 19. Jahrhunderts allenfalls das hohe A *di petto,* also mit dem vollen Klang der Bruststimme, gesungen haben; verzichtet mithin vollkommen auf eine technische oder ästhetische Analyse und stellt das Singen so dar, als würden Tenöre lediglich ihre Muskeln spielen lassen wie Bodybuilder.

Dabei hätte der Berichterstatter von *Newsweek* – sein Artikel erschien am 15. März – ohne weiteres ein Interview zitieren können, das der Dirigent der Aufführung, Richard Bonynge, am 28. Februar in *Opera News* gegeben hatte, vor allem Äußerungen über die Stimme und die Technik des Tenors: »Ich würde ihn als kraftvollen lyrischen Tenor *(strong lyric)* klassifizieren«, sagte Bonynge, »er hat eine Stimme, die bei Aufnahmen sehr dramatisch klingt, und auch aus der Nähe klingt sie sehr dramatisch. Doch mitten im Theaterraum klingt sie wie eine starke lyrische. Er kann eine schöne *legato*-Linie und sehr lyrisch singen. Sein hohes F in unserer jüngst gemachten Aufnahme von *I Puritani* ist ein *falsetto,* das er einfach von Natur aus hat; ich denke allerdings, daß der *falsetto*-Klang des 19. Jahrhunderts viel stählerner war, stärker fokussiert und besser in den anderen Teil der Stimme integriert. Luciano kann ganz gut bis zum Des mit der Bruststimme singen, doch viel mehr ist für eine Stimme solcher Größe nicht möglich.«[32]

Ob der »hochnäsige Spott«[33] (Martin Mayer), mit dem einige New Yorker Kritiker die Produktion von *I Puritani* überschütteten, gerechtfertigt ist, steht dahin. Pavarotti selbst hat immer wieder gesagt – und zur Genüge unter Beweis gestellt –, daß Künstler nicht so dumm sind, wie sie von einigen Rezensenten pauschal hingestellt werden, und auch durchaus die Fähigkeit der Selbstkritik besitzen. Daß es einem Sänger nicht reicht, in einer Kritik zu lesen, »der Tenor war nicht gut bei Stimme«, dürfte einleuchtend sein. Im Zweifelsfalle hat er das selbst nur allzu genau gespürt. Wie aber soll man sich die Empfindungen eines Sängers ausmalen, der wie ein Freak in des Wortes ursprünglicher Bedeutung hingestellt wird. »Luciano Pavarotti tops the scales in brilliance, bulk and brio«, hieß es am 24. September 1979 in der Schlagzeile des Magazins *Time*, dann im Text: »Mit einer Größe von gut sechs Fuß und einem Gewicht von rund 300 Pfund ist Big P., wie die Sopranistin Joan Sutherland ihn nennt, überlebensgroß – wie alles an ihm und um ihn überlebensgroß ist: seine trompetenhaften hohen Cs, seine Gagen von 8000 Dollar pro Abend in der Oper und von 20 000 Dollar für ein Konzert, seine Rabelaissche Lebensgier *(Rabelaisian zest)* nach Fressen und Freude.«[34]

Sagen da nicht die meisten: »Na und?« Haben die meisten sich nicht an solche Darstellungsweisen gewöhnt? Geht es nicht um den Ruhm des Berühmten und längst nicht mehr um die Qualitäten, die einen Künstler bekannt gemacht haben? Gewiß läßt sich den Arrivierten vorwerfen, daß sie sich auf das trügerische, das böse Spiel der Hurerei mit dem Ruhm einlassen und erst dann Klage führen, wenn sie der Prostitution bezichtigt werden – nur: von wem? Den Widerspruch hat Peter Sloterdijk beschrieben: »Wer klärt auf, und wer ist der Aufgeklärte? Zynismus geht ja mit einer Diffusion des Wissensubjekts einher, so daß der heutige Systemdiener durchaus mit der rechten Hand tun kann, was die linke Hand niemals erlaubte. Des Tags Kolonialisator, des Abends Kolonialisierter; von Beruf Verwerter und Verwalter, als Freizeitperson Verwerteter und Verwalteter; offiziell Funktionszyniker, privat Sensibilist ...

nach außen Realitätsprinzipler, nach innen Lustsubjekt... Diese Gemischtheit ist unser moralischer Status quo.«[35]

Die Aufführung der Bellini-Oper bedeutet so etwas wie eine Peripetie in der Laufbahn des Sängers – die Vollendung eines Höhenfluges in des Wortes doppelter Bedeutung. Nach seinem eigenen subjektiven Empfinden erlebte Pavarotti die Aufführung von *I Puritani* als Krönung seiner Karriere: Er hatte eine exemplarische, eine symbolische, eine von Legenden umrankte Rolle bewältigt, und er mußte, weil es – auch im technisch-praktischen Sinne – nicht höher hinausging, seine eigene Rolle und die Rollen des Tenorfachs ändern. In der Saison 1976/77 sang er an der Met zum erstenmal den in San Francisco ein Jahr zuvor erprobten Manrico in *Il Trovatore* (acht Aufführungen), in Chicago und London in sieben bzw. in vier Aufführungen den Cavaradossi in *Tosca*. Die einzige lyrische Partie dieser Saison, in der er insgesamt nur 43 Opernaufführungen bestritt, war der Nemorino an der Hamburgischen Staatsoper. Er war in exzellenter Form und neben dem prachtvoll im Singen agierenden Giuseppe Taddei der Mittelpunkt der Aufführung. Die Saison 1977/78 (47 Aufführungen) begann er erneut als Nemorino (in Chicago) und erprobte danach in San Francisco die Partie des Calaf in *Turandot* neben Montserrat Caballé. Er hat sie später gegenüber einem Kritiker als »Traumrolle« bezeichnet – und auf die Rückfrage geantwortet, es sei die eines Alptraums. Nach sieben Aufführungen hat er sie für immer gelassen. An der Met sang er nur acht Aufführungen, sechsmal den Fernando in Donizettis *La Favorita* und zweimal den Nemorino, und er riskierte den Manrico in der Arena von Verona. Nur 38 Aufführungen brachte die Spielzeit 1978/79. In 21 davon sang er den Maler in *Tosca,* in sieben den Rodolfo in *La Bohème* unter Carlos Kleiber im Teatro alla Scala. Mit dem Enzo in *La Gioconda* erarbeitete er zu Beginn der Saison 1979/80 erneut, und wieder in San Francisco, eine *spinto*-Partie, die er zum Ende der Spielzeit auch in fünf Aufführungen in der Veroneser Arena sang. Dazwischen standen sieben *Rigoletto*-Darbietungen in Chicago, fünfmal *Un Ballo in Maschera* in München und 15 Aufführungen an der Met sowie bei Gastspielen des Met-Ensembles, achtmal *Tosca* an der Scala und endlich sechs Nemorinos wieder in den USA.

In den achtziger Jahren hat Pavarotti bei seinen Opernauftritten strengere Diät walten lassen als bei seinen in den einschlägigen Magazinen breitgetretenen (»do-re-mi-fat«)[36] Kuren. 1980/81 sang er in 23 Aufführungen, 1981/82 in 27 Vorstellungen, 1982/83 trat er 41mal in der Oper auf, 1983/84 nur 36mal, 1983/84 brachte er es auf gerade 16 Aufführungen. Sein Repertoire wuchs in all den Jahren nur um drei Rollen. Am 12. November 1981 sang er in San Francisco zum erstenmal den Radames in *Aida*, den er bald darauf in Berlin (März 1982) wiederholte, später auch in Chicago (September 1983), in Wien (April 1984), in London (Juni 1984), in Mailand (Dezember 1985) und schließlich auch in New York (März 1986). Unter James Levine studierte er für die New Yorker Met im Oktober 1982 die Titelpartie von Mozarts *Idomeneo* ein, die er unter demselben Dirigenten im Juli und August des folgenden Jahres auch in Salzburg sang. Im November 1983 endlich sang er in New York unter James Levine die Titelpartie von Giuseppe Verdis *Ernani*.

In dem Maße, wie die Zahl seiner Opernauftritte abnahm, wuchs die seiner Recitals und sogenannten Galaveranstaltungen; in dem Maße, wie sein Ruhm sich verselbständigte, verschärfte sich der Tonfall der Kritik, seltsamer- und typischerweise auch in Magazinen, die zuvor für ihn in die Fanfaren gestoßen hatten. Am 30. November 1981 stand in einer Schlagzeile von *Time:* »What Price Pavarotti

Inc.?«, und in der Unterzeile hieß es: »In a new role, the one-man conglomerate sells singing short«.[37] In seinem Bericht schrieb Michael Walsh über die Abnutzung der »süßen Stimme, die ihren Besitzer zum anrührendsten Rodolfo seiner Generation« gemacht hatte, über die plötzlich mühsam gebildete Höhe und das mißlungene B[1] am Ende der Romanze, das »rauh und schartig mit einem verzweifelten *fortissimo* gebellt« worden sei. »Man sinnt darüber nach, warum der 46jährige Pavarotti seine Stimme und seine Reputation mit Partien aufs Spiel setzt, die für ihn ungeeignet sind. Doch für Luciano Pavarotti Inc., diesen multinationalen Konzern, scheint das Singen zu einem Mittel der Kommerzialisierung und der Reklame *(commercialism and hype)* geworden zu sein.« Der Kritiker Peter G. Davis billigte ihm schon Mitte der achtziger Jahre nicht mehr den Status eines seriösen Künstlers zu, sondern ordnete ihn im *New Yorker* kurzerhand unter die Entertainer ein und bezeichnete seine Wirkung als eines der vielen Rätsel, das die Massenpsychologie aufgibt.

Mit einem Wort, der Sänger schwebte auf den Wolken des Ruhms zu den Göttern. Kritik konnte zumindest seiner Massenwirkung so gut wie nichts mehr anhaben. Damit soll keineswegs insinuiert werden, das dritte Jahrzehnt seiner Karriere sei lediglich das eines des Niedergangs gewesen. Es finden sich durchaus, wenn auch nicht überwiegend, sehr positive Kritiken. In einem eigenartigen Magazin mit dem kuriosen Titel *Opera Fanatic,* gewidmet den »Lovers of Expressive Singing«, hat Stefan Zucker – »The World's Highest Tenor«, wie er sich selbst nennt – die Aufführung des *Ernani* als »ein Füllhorn der Freuden« bezeichnet und Pavarottis Singen als »triumphal« gelobt. Die Stimme war, nach der Beschreibung Zuckers, dunkler geworden und dadurch angenehmer als früher mit ihrer »penetranten Helligkeit«.

Zucker beschrieb auch das erste »klassische Konzert« im neu eröffneten Madison Square Garden vor rund 20000 Hörern. Der Tenor begann mit »Questa o quella« und klang »ein wenig überreif für den Herzog«, und »zu häufiges Atemfassen zerriß die Phrasierung«. Im Verlauf des Abends seien diese Probleme der Atemkontrolle nicht mehr zu spüren gewesen. Seine *passaggio*-Töne und seine *acuti* seien frei gewesen, so daß das Publikum »in das interpolierte H von ›La donna è mobile‹ hineinklatschte«. Über die Wiedergabe der Arie »Ah, sì, ben mio« hieß es: »Er entfaltete üppige Töne und passable Triller, doch soviel Melancholie und Pathos wie bei seinen *commercials* für American Express. Er sang erregend in ›Di quella pira‹ trotz der Transposition um einen halben Ton.«[38] Aus den meisten Rezensionen geht allerdings nicht allzuviel hervor: pauschale Hinweise auf »schönes« Singen oder »angestrengten und gedankenlosen Vokalismus«, auf die Verbindung von »alleroberstem Können mit einer eindringlichen Herzlichkeit und Einfachheit des Wesens« und den »betörenden Schmelz der Höhenlage« oder »das zarte Timbre der Empfindung«. Präzise Beschreibungen seiner Stimme, seiner Technik und seiner musikalischen Darstellungsfähigkeit finden sich in einigen Rezensionen von Will Crutchfield in der *New York Times*, und eine über eine Aufführung von Donizettis *L'Elisir d'amore* sei, weil exemplarisch, etwas ausführlicher zitiert, zumal sie inzwischen als Schallplatte vorliegt.[39] »Abgesehen von drei Passagen ist der Nemorino eine fast perfekte Rolle für Luciano Pavarotti, der sie ... in der ersten Aufführung des Werks in dieser Saison sang. Sie überfordert nicht das Durchstehvermögen oder das Volumen seiner Stimme (von beidem war genug vorhanden); sie liegt nicht zu hoch; sie profitiert von seiner lebendigen, plastischen Diktion und gibt ihm genügend Gelegenheit, seine besten Fähigkeiten als Darsteller zu entfalten – den Tölpel zu spielen und sich mit einfachem Pathos auszudrücken ... Bei jenen drei Passagen handelt es sich um die, welche musikalische Imagination und Eleganz verlangen: ›Chiedi all'aura‹ und ›Adina, credemi‹ im ersten Akt sowie ›Una furtiva lagrima‹ im zweiten. Sie verlangen nach Farben, nach Kontrasten, nach einer geistvollen Poesie und damit nach dem, was Mr. Pavarotti niemals kultiviert hat. Vor allem ›Una furtiva‹ war enttäuschend steif und statisch. Doch selbst hier gab es manches zu bewundern. Er formte die Ornamente in ›Chiedi all'aura‹ geschmeidiger als die meisten Tenöre der jüngeren Erinnerung, und die anstrengenden Linien in jener Lage, die in der Sängersprache als ›Bruch‹ bezeichnet werden, boten ihm in beiden anderen Szenen keine Schwierigkeiten. In der Tat klang Mr. Pavarotti den ganzen Abend wie ein Tenor in bester und frischer Verfassung. Er hat dem Verfließen der Zeit oder den Anstrengungen der schweren Rollen, die er gesungen hat, wenig Tribut zollen müssen. Das einzige Zugeständnis, das er machen mußte, war der Versuch eines hohen C – das dann sehr dünn herauskam.«[40]

Ein Loblied, gewiß, allerdings eines mit Zwischentönen. Crutchfield, fraglos einer der besten Kenner des Singens und vor allem auch der Aufführungspraxis, deutet an, daß Pavarotti ein Sänger mit moderatem Volumen und einer inzwischen begrenzten Höhe (H) ist, daß zudem die Palette seiner Farben eng und damit die Möglichkeit der expressiven Nuancierung nicht eben groß ist. Damit wird Pavarotti ohne bösen Unterton ins lyrische Fach zurückgestuft, aus dem er gekommen ist. Martin Mayer vertritt die Ansicht, die Stimme sei in den letzten zehn Jahren dadurch schöner geworden, daß sie ein wenig nachgedunkelt sei und dadurch mehr Maserung und Körnung bekommen habe. Pavarotti habe auch Probleme mit der Bildung der Höhe, die seine Arbeit in den Jahren 1981 und 1982 beeinträchtigt hat, überwunden. Sicher entspricht der etwas dunklere Klang den Vorstellungen, die wiederum durch Caruso geprägt worden sind. Doch gehört die Auseinandersetzung mit Technik und Klang der Tenorstimme in ein späteres Kapitel.

Von den Metastasen des Kultms

An diesem ganzen, großen, genial programmierten Crescendo vom US-Debüt des noch relativ unbekannten Italieners bis zum hysterischen Kniefall des global durchgedrehten Opernpublikums war der Amerikaner Herbert Breslin entscheidend beteiligt. Breslin war ... der richtige Schreibtisch-Dirigent für das traditionelle Busineß im Operngewerbe. Breslin ist ein feiner Herr von der Art, daß er Journalisten, die nicht ganz nach seiner Flöte tanzen, zu kastrieren droht ... Tibor Rudas hatte sich da eine völlig andere Strategie zurechtgelegt. »Du bist nicht mehr bloß ein Opernsänger«, lag der Ungar dem Italiener in den Ohren, »du bist ein Plattensänger. Wenn du sicher sein willst, daß deine Platten weiterhin verkauft werden, mußt du genau wie Sinatra und Neil Diamond zu deinem Publikum gehen.« Im Klartext hieß das: raus aus den Mets und den Scalas mit ihren popeligen 2000 oder 2300 zahlenden Opernkonsumenten und 8000 oder 10 000 Dollar Handgeld als Abendgage, rein in die Central Parks, die Sportarenen und Waldbühnen, wo auch die Pavarottis der Pop-Szene, Madonna und Prince und Michael Jackson, die große Knete machen; statt Covent Garden, Britanniens altehrwürdigem Singtempel, lieber Madison Square Garden, New Yorks gigantische Ohrenweide, eher Caesar's Palace als die Oper Rom, und statt *peanuts* lieber die dicke Marie.

Klaus Umbach: »Oper dicke«.
In: Geldscheinsonate[41]

In seinem Buch *Understanding Toscanini* (Untertitel: *How he became an American culture-god and helped create new audience for old music*)[42] geht Joseph Horowitz zurück auf den großen Entrepreneur und Zirkusunternehmer Phineas Taylor Barnum, der 1850/51 die »schwedische Nachtigall« Jenny Lind engagiert hatte. In seiner Autobiographie bezeichnete er diese Verpflichtung als »ein Unternehmen, das in den Annalen des Künstlermanagements ohnegleichen«[43] war. Barnum hatte für die erste Tournee 187 000 Dollar aufzubringen – damals eine ungeheuerliche Summe. Als die Schwedin in New York ankam, verstieg sich ein Journalist im New Yorker *Herold* zu dem Vergleich, ihre Ankunft sei »ein so bedeutendes Ereignis wie das Erscheinen von Dante, Tasso, Raffael, Shakespeare, Goethe, Thorvaldsen oder Michelangelo«; sie habe »der Menschen Vorstellungen über Musik in der Weise geändert, wie Bacons induktives System die Philosophie revolutioniert« habe.[44]

Horowitz, beeinflußt offenbar von den musiksoziologischen Studien der Frankfurter Schule und speziell von den Arbeiten Theodor W. Adornos, versteht diese Inszenierung eines Kults um eine berühmte *diva* als den Ausgangspunkt für moderne Praktiken, für den Aufbau einer gigantischen PR-Maschinerie zum Zwecke der Kommerzialisierung der musikalischen Kultur, die sich zum erstenmal bei Arturo Toscanini bewährte. Dabei geht es, abstrakt gesprochen, um die Vertauschung von Ursache und Wirkung; die Musik verschwindet hinter dem Star, der sie spielt oder singt. Dieser Kult hat bei Pavarotti, dies eine Konsequenz des Medien-Zeitalters, eine neue Qualität angenommen, wenn nicht das Wort Quantität eher angemessen wäre. Seine Stimme hat sich verwandelt zu einem universalen Klang und ist so präsent wie jener musikalische Sirup, der allüberall aus Lautsprechern träufelt: in Kaufhäusern und Hotellobbys, in Flugzeugen, Taxis und Telefonleitungen. In italienischen Lokalen werden Pizza und Pasta zum Klang dieser Stimme serviert, die in den Verkaufshallen des Massen-Entertainments feilgeboten wird als singender, klingender italienischer Wohlgeschmack.

In diesem Jahrhundert hat es eine Reihe von Sängern gegeben, die mit außerordentlichem Erfolg im Konzertsaal gesungen oder Abstecher zur sogenannten »leichten Muse« gemacht haben. Das gilt für Caruso und Nellie Melba, für John McCormack und Fedor Schaljapin, in weit höherem Maß für Richard Tauber oder Benjamino Gigli, der sich im Sportpalast exaltierte wie seine politischen *fratelli* bei der demagogischen Rhetorik. Maria Callas und Mario del Monaco haben ebenfalls Arienabende in pseudonobler Zirkusatmosphäre bestritten.

Es waren intime Abende im Vergleich zu den Pavarotti-Shows. Auf Betreiben von Herbert Breslin hat der Sänger zum erstenmal am 1. Februar 1973 in der John Gano Memorial Hall, Liberty (Missouri), ein Recital gegeben. Der Erfolg ermutigte ihn zu weiteren Solokonzerten, bei denen er überwiegend italienische Lieder sang und nur einige wenige Opernarien einstreute. 1973/74 waren es schon dreizehn solche Abende (nicht gerechnet die Aufführungen von Verdis *Messa da Requiem*), eine Saison später bereits die doppelte Zahl. Martin Mayer zitiert den Kritiker John Higgins, der in der Londoner *Times* von einem Triumph und von »zwei Stunden vollkommener Professionalität«[45] sprach – von sängerischer Professionalität, ohne die solche Veranstaltungen einfach nicht auf Dauer zu »verkaufen« sind. Es versteht sich, daß zu derartigen Darbietungen nicht ein Publikum kommt, das die *Winterreise* oder die *Lieder eines fahrenden Gesellen* hören möchte (auch dies besonders gern, wenn sie von Stars wie Dietrich Fischer-Dieskau oder Christa Ludwig gesungen werden).

Es geht also weniger um die Musik als um den singenden Star.

Im Verlauf weniger Jahre wurden die Recitals immer wichtiger. 1977/78 waren es bereits über dreißig – und die Wirkung wurde verstärkt durch das erste *coast-to-coast* vom Fernsehen übertragene Konzert »Live from Lincoln Center« am 12. Februar 1978. Pavarotti sang vor zwölf Millionen Zuschauern (und Hörern). Noch heute schildert er mit der Eloquenz eines geborenen *raconteurs* von seiner tödlichen Angst, die er vor diesem Auftritt empfand. »Ich weiß, daß mein Publikum mich liebt«, sagte er, »aber wird es mich nach diesem Abend auch noch lieben?«[46] Er ahnte, oder er malte sich aus, daß er, ganz anders als im Opernhaus oder in einem normalen Recital, seinen Ruhm einer Art von Test würde aussetzen müssen, daß jeder verrutschte oder unsichere Ton, anders als im Opernhaus, als Fehler oder Versagen gehört werden würde. Die Exhibition im Medium ist etwas anderes als die leibhafte Präsenz auf der Bühne – auf der Bühne erscheint ein Mensch und auf dem Bildschirm der längst vom Träger abgelöste Ruhm eines Stars.

Sein Erfolg war phänomenal, und er ist durchaus nicht allein als Ergebnis eines cleveren Marketing zu begreifen. Wenn sogenannte Super- oder Megastars allein in der Retorte zu erzeugen wären, gäbe es sicher mehr davon. So weist denn auch Herbert Breslin, Pavarottis erster amerikanischer Manager, die Behauptung zurück, er habe lediglich einen brillanten Marketingplan für den Tenor ersonnen. Er, Breslin, arbeite für eine Reihe erstklassiger Künstler, ohne daß er für sie beim Publikum Reaktionen wie für Pavarotti erzeugen könne. Dessen Erfolg erklärt er zum einen mit der »bemerkenswerten Künstlerschaft« des Sängers, zum anderen mit der »gewinnenden Persönlichkeit«.[47] Es gibt dafür auch ein anderes, von Jerzy Grotowski geprägtes Wort: »Künstler-Kurtisane«.

Verstehen wir dieses Wort ohne moralische Wertung – als rein deskriptiv, als Metapher für eine Fähigkeit des Bezauberns, des Lockens, des Spielens, des Flirtens, des Überredens, ohne dabei den Eindruck zu erwecken, als wäre das alles ein Spiel oder eine Masche. Mag Pavarotti auch, schon weger seiner Körperfülle, auf der Bühne ziemlich unbeweglich sein, so besitzt der doch hohe mimische Qualitäten, die ihm vor allem im Fernsehen dienlich sind. Noch immer sind die Konturen seines Gesichtes klar und ausgeprägt, ist sein Blick wach und strahlend, sein Lächeln charmant; er kann beim Singen mit seinen Hörern und Zuschauern flirten, und er vermittelt den Eindruck, daß er sein Publikum liebt, daß er in nichts so gern badet wie im Beifall der Menge.[48]

Durch den Agenten Tibor Rudas, einen Phineas Taylor Barnum unserer Zeit, hat er endgültig den Weg zu den Massen gefunden. Der gebürtige Ungar organisiert für Pavarotti jene Veranstaltungen, bei denen das TV-Publikum den Sänger unmittelbar hören kann – oder *live,* wie man so sagt, ohne noch nachzudenken über die Implikationen dieses Wörtchens. Rudas inszeniert seit einigen Jahren in aller Welt jene Sorte von Galas, in denen der Sänger als »Leibhaftiger« erscheint, aber es ist durchaus fraglich, ob das Publikum eine »leibhaftige« Stimme erlebt und sich ein akustisches Bild vom Klang einer Vox humana machen kann.[49]

Martin Mayer schildert in seinem Buch eindringlich den ungeheuren technischen Aufwand, mit dem diese Konzerte vorbereitet werden, die »einzigartige Aufmerksamkeit, die den Möglichkeiten der technischen Verstärkung« gewidmet wird. Die Rudas-Pavarotti-Enterprises beschäftigen James Lock, den Aufnahmedirektor der Londoner Decca, den Soundeffekt-Spezialisten Roger Gans von der San Francisco Opera und den Verstärkerspezialisten Drew Serb aus San Francisco: das denkbar beste Team der Welt, wenn es darum geht, in einer riesigen Halle einen Klang herzustellen, den der Sänger selbst über zwei kleine Monitorlautsprecher kontrollieren kann – was nur möglich ist, wenn er absolut ruhig steht – und den das Publikum als natürlich empfindet.[50] Es ist gleichwohl, nach dem Eindruck des Verfassers, ein anderer Klang als der, den man vor den Lautsprechern der Hi-Fi-Anlage hört. In den riesigen Arenen sind die Farben der Stimme, sind die klanglichen Nuancierungen schwerlich so genau zu hören wie von Aufnahmen, und trotz aller Verstärkung entsteht der Eindruck einer Disproportion. Die wahre Dimension der Stimme und die exakte Definition des Tons, im Opernhaus durchaus zu erleben, ist hier schwerlich zu spüren.

Dennoch zeitigen die Auftritte des Sängers größte Spannung und Begeisterung. Sie sind Ereignisse besonderer Art – sie haben mit Mythen und Marketing zu tun, mit Massenpsychologie und den Mutationen des Kulturbetriebs zur Großindustrie für die ästhetische Bedürfnisbefriedigung mit kultureller Aura. Holder Schwachsinn allerdings zu glauben, daß diese Mutationen der Musik und diese Metastasierungen von Gebrauchsmythen[51] mit den Mitteln oder den verbalen Waffen der Kulturkritik bekämpft oder sistiert werden könnten – wer an die Wirkung von Kulturkritik glaubt, der ist, wie Hans Magnus Enzensberger fast höhnisch formulierte, selber schuld.[52]

DIE STIMME DES TENORS

Un nido di memorie in fondo a l'anima cantava un giorno, ed ein con vere lacrime scrisse, e i singhiozzi il tempo gli battevano!

Ruggiero Leoncavallo: Pagliacci.
Aus dem Prolog

Lächle, Bajazzo

Wißt ihr nicht, daß der Tenor kein Wesen von dieser Welt ist? Er ist eine Welt in sich.

Hector Berlioz[1]

DER Romancier und leidenschaftliche Melomane Stendhal, der Biograph Gioacchino Rossinis, sprach die Befürchtung aus, daß dermaleinst nur noch wenige Gefallen daran finden würden, sich über Tänzerinnen oder Sänger zu unterhalten. »Im 20. Jahrhundert werden die Völker über nichts anderes reden als über Politik; und statt der Marianna Conti Beifall zu klatschen, werden sie den *Morning Chronicle* lesen.«[2] Er fürchtete eine kulturlose *brave new world*, deren öffentliches Leben allein an die Kandare des Managements genommen werden würde. Er hat nicht einmal ahnen können, daß auch die Oper – dieses Theater der Unwahrscheinlichkeit, der suspendierten Logik – in der neuen Welt der geschäftlichen Trivialität und ästhetischen Rationalität aufgehen würde. Vorüber, endgültig vorüber die Zeiten, da man sich an einem Wunder des Artifiziellen berauschen konnte, an der sublimen Künstlichkeit der *evirati*, der Kastraten, die mit ihrer nie wieder erreichten Kunst »auf dem erhabenen Gipfel des kolorierten Gesangs mit ihren körperlosen Stimmen abstrakte Gebilde stilisierter, aber heftigster erotischer Gefühle in den Raum«[3] zeichneten.

In dieser älteren Oper war für den Tenor kein Platz, und wenn, so nicht der an der Rampe. Der Mythos des Tenors entstand erst »zur Zeit der äußersten Dekadenz der italienischen Oper: als das Kleinbürgertum, genährt von guter oder schlechter naturalistischer Literatur, von nationalistischen Mythen und leicht zugänglichen Gebrauchsästhetiken, das Parkett und auch die Logen der alten Opernhäuser eroberte. Zwei Opern in einem Akt – die in Deutschland und Amerika heiß geliebt, in Italien mit großem Argwohn betrachtet und vom Verfasser verabscheut werden – bezeichnen das Entstehen dieses neuen Geschmacks: *Cavalleria Rusticana* und *Bajazzo*. Das wird der ›Verismus‹ in der Musik sein. Heiß geliebt, sagte ich, in Deutschland und Amerika, weil in ihnen die ganze Mythologie des Südens sich schließlich zu Touristenkitsch erniedrigt. Auch der Typ der neuen Vokalität, die sie vorführen, zielt darauf ab, alle jene natürlichen und kreatürlichen Daten in den Gesang zu integrieren, die zwei Jahrhunderte italienischer Schule sorgfältig ausgemerzt hatten: die Anstrengung, der Schrei, die Mimesis der gesprochenen Deklamation des naturalistischen Theaters.«[4]

Mit einem Wort, der Mythos des Tenors entstand erst mit Enrico Caruso, entstand durch ihn, weil sich in ihm die Tradition vollendete – und weil er durch seine Ausstrahlung der Schallplatte den Weg bereitete. Entstand durch ihn, weil sein konserviertes Erbe rund vier Jahrzehnte seine Nachfolger dazu brachte, jene von Luca Fontana bitter und zu Recht beklagte veristische Manier, die Stil zu nennen gedankenlos wäre, zu adaptieren. »Caruso ist das Vorbild«, sagte auch Pavarotti, »nach dem sich alle Tenöre nach ihm gerichtet haben, und er ist das Modell, an dem sie sich geschult haben.«[5]

Und er? Er, der wie kein zweiter zu einem Massenmythos geworden ist, der Titelgeschichten in *Newsweek* und *Time* bekam, im amerikanischen Fernsehen *coast-to-coast,* in Olympiahallen und auf Domplätzen, in Waldbühnen und im Central Park singt, er, der mit Calafs »Nessun dorma« die englischen Hitparaden eroberte, der, eingehüllt ins Sternenbanner und mit Cowboyhut auf dem Kopf, die Parade am Columbus Day eröffnet, er, der längst nicht mehr nur berühmt ist, sondern berühmt für seinen Ruhm – dieser mächtige Mann aus Modena hat sich längst aufgelöst in seinem Mythos. In *coffee-table books* wächst er zu *Grandissimo Pavarotti* und wirkt dabei nicht weniger monströs als in einer Story des *Spiegel,* in der er zur komischen Nudel schrumpft, unersättlich nach Fettucine und Rigatoni und noch unersättlicher bei der Umwandlung von Noten in Geldnoten. Ähnlich wie in den fünfziger Jahren die moralischen, sexuellen, kulturellen und ökonomischen Frustrationen von Kleinbürgern, projiziert auf Maria Callas, in den Wiederaufbereitungsanlagen der *yellow press,* und nicht nur dieser, ebendenselben Kleinbürgern zur moralischen Empörung vorgeworfen wurden, muß jetzt der *tenorissimo* herhalten.

Er ist wie Maria Callas ein Mythos, und das heißt – nicht anders als bei der Griechin –, daß ihm seine Geschichte gestohlen und er selbst in ein Monstrum verwandelt wurde. Nur ist ein solches *monstre* nicht mehr, wie im 18. Jahrhundert, *sacré.* Pavarottis Geschichte beginnt nicht 1961 in Reggio nell'Emilia, wo er debütierte; sie ist so alt wie die italienische Oper. Über diese Geschichte kann man mit keinem besser reden als mit Luciano Pavarotti selbst; vorausgesetzt, man will mit ihm über das Singen reden, wie Stendhal sich das vorstellte, und wartet nicht auf jene Pointen und Keckheiten, die er, bauernschlau von Natur aus und gewitzt aus Erfahrung im Umgang mit den Medien, so sicher setzt wie seine *acuti.* Bleibt ihm etwas anderes übrig, als ein Doppelagent zu sein, Tenor und Schauspieler eines Tenors? Tenor und Witzfigur? Schauspieler einer Witzfigur? Denn ein Vorurteil ist doch fest eingerostet: »Dumm wie ein Tenor.«

Er ist gewitzter als die meisten, die ihre Witze oder Witzchen über ihn reißen, ist alles andere als der tumbe Bär, zu dem er gemacht wurde, ist nicht, wie Fontana sagt, die

Whop-Figur, in die er vor allem in den USA zurückübersetzt wird. Er mag als Sozialcharakter ein Star sein, aber in seiner Existenzweise ist er zugleich in die Rolle des Gauklers gedrängt, des Komödianten, der – lächle, Bajazzo! – ein Possenspiel treiben muß: nicht nur, um dem Publikum zu gefallen, sondern um davonzukommen.

Mit dem Charme eines Herzensdiebes treibt er, dem Publikum zum Gefallen, sein Spiel mit dem Publikum, und nicht nur mit diesem. Bei Gesprächen und in Interviews nutzt er gerade indifferent-belanglose Fragen, die nur allzugern gestellt werden, zu Pointen, die sich einbauen lassen in Drehbücher von der Art *The Great Caruso* mit Mario Lanza in der Hauptrolle. Auf die Frage, warum soviel Aufhebens gemacht werde um das ominöse hohe C, hat er, je nach Situation des Gesprächs, mehrere Antworten parat. »Ein Abend erholt sich nicht so leicht von einem verpatzten C«,[6] sagt er zum Beispiel stirnrunzelnd, und sein Mienenspiel scheint zu sagen, daß er das – wie Adorno in seinem Aufsatz »Über den Fetischcharakter in der Musik und die Regression des Hörens«[7] – lächerlich findet. Oder er bekennt, beim Singen »ein mystisches Gefühl« zu haben, »wie in Trance abzuheben« und sich für die lustvolle Ewigkeit von sechs oder acht Sekunden erdenfern zu fühlen. Oder er sieht den Fragenden mahnend an – »My dear friend«, und das »dear« klingt warnend – und sagt im Ton eines Professors, der eine hundertfach wiederholte Erklärung noch einmal geben muß: »Eine Tenorstimme ist keine natürliche Stimme. Sie ist artifiziell. Sie hat wenig gemein mit der normalen Sprechstimme des Mannes; gesprochen wird durchweg in der Baritonlage. Und wenn ich morgens wach werde, ist die Stimme nicht einfach da, ich muß sie vielmehr suchen, muß sie förmlich bilden wie eine Skulptur ... und dies Tag für Tag.«[8]

Er wird unter Umständen einen Interview- oder

Gesprächspartner behandeln wie einen der Eingeweihten (»Also, mal unter uns *savanti* des *bel canto*«) und eine *tour d'horizon* veranstalten, wird über die Aufnahmen von Enrico Caruso sprechen und über all die anderen Tenöre, die ihm sein Vater als (bessere) Vorbilder hingestellt hat, wann immer er irgendwo ein Debüt gegeben hat. Denn er kennt, in dieser Beziehung ein Eklektiker, die Aufnahmen von Aureliano Pertile und Tito Schipa, von Benjamino Gigli und Jussi Björling, von Giuseppe di Stefano und Mario del Monaco, von Franco Corelli und Nicolai Gedda – und er ist auch nicht auf unsichere Pfade zu locken, wenn er nach Giovanni Battista Rubini oder nach Mario befragt wird, den Tenören des romantischen Zeitalters, deren Partien er singt. Er ist deshalb nicht irritabel, weil er nach der Art eines Politikers nur solche Fragen beantwortet, die er beantworten will, ohne dabei so ungeschickt zu sein, den Fragenden bloßzustellen oder ihm gar das Gefühl zu geben, eine dumme oder falsche Frage gestellt zu haben. Wenn er den Fragenden mahnend anschaut und ihn mit »My dear friend« anredet, so in dem Moment, da er ihm bedeuten will: »Sie haben ja recht ... Aber haben Sie eine Ahnung, wie kompliziert dieser Beruf ist? Wie unendlich schwer es fällt, den Anforderungen gerecht zu werden, der Erwartungshaltung des Publikums?«

Luciano Pavarotti ist nicht nur berühmt dafür, daß er so berühmt ist, sondern er unterfüttert die wundersame Legende dieses Weltruhms gleichsam mit den Ingredienzien aus einem »Tausendundeiner Nacht« der Gesangsgeschichte. Er liefert solche Episoden, Andeutungen, Fakten und gebräuchliche Mythen, die sich zusammenfügen lassen zu jenen Magazingeschichten, die, mit einem modischen amerikanischen Wort, *faction* sind: eine Mischung aus *facts* und *fiction* oder eben, noch schlimmer, zur bloßen Fiktion hergerichtete Fakten, die – weil sie aus ihrem eigentlichen

Kontext, historischen Zusammenhang, ihrer sachlichen Bedeutung und ihrem ästhetischen Sinngefüge herausgelöst sind – so beliebig werden wie jene Anekdoten, von denen es heißt, daß sie, wenn schon nicht wahr, wenigstens gut erfunden sind.

Die Stimme des Tenors sei, so sagt Pavarotti, keine natürliche Stimme, sondern eine artifizielle. Was aber heißt das? Eine Erklärung, die man nicht gleich als vulgär-materialistisch oder als fetischistisch verketzern muß, bezieht sich auf die sinnliche Wirkung der Tenorstimme: daß sie nämlich die Fülle, die Kraft und Energie der männlichen Stimme mit dem Zauber, dem keuschen Zauber der Knabenstimme verbinde und deshalb »einen von Frauengunst gekrönten Ausnahmeplatz« (Franziska Martienßen-Lohmann) einnimmt. Die Wirkung dieser Verbindung stehe und falle »mit dem Besitz einer absolut und jederzeit zuverlässigen, strahlenden Höhe, die beim lyrischen Tenor bis c, cis und d^2, beim jugendlichen Helden und heldischen Zwischenfach bis c^2, beim schweren Helden mindestens bis b^1 zu reichen hat«.[9] Durch nichts, rein gar nichts – »Ein Abend erholt sich nicht von einem verpatzten hohen C« –, läßt sich eine Schwierigkeit bei der Bildung des *do di petto*, des *ut de poitrine*, des hohen C kompensieren oder camouflieren.

Noch einmal zu jener Wirkung, die der Theatertheoretiker Edward Gordon Craig als »physiologische Ansteckung« bezeichnet hat. »Es gibt nichts Erregenderes als einen großen, hohen Tenorklang«, ward Joan Sutherland 1976 in der umfänglichen Story des amerikanischen Nachrichtenmagazins *Newsweek* – gemodelt nach dem beschriebenen *faction*-Modell – zitiert, »es ist ein weitgehend künstlicher Klang, da Männer normalerweise ja in der Baritonlage sprechen. Doch ob es sich nun um Enrico Caruso oder um Richard Tucker, um Kenny Baker oder

Dennis Day handelt, der Klang der Tenorstimme entfaltet eine zweideutige Virilität *(perverse virility)* aufgrund des hellen, hoch liegenden Klangs der Knabenstimme und der männlichen Kraft.«[10] Wegen dieser Wirkung gelten die Tenöre seit langem nicht nur als das, was in den USA als *the best box office draws* genannt wird; sondern sie gelten auch als wunderlich und verschroben, als Wesen eben, die man nur verstehen kann, wenn man sie als Wesen begreift, die eine Welt in sich darstellen. Daß »jeder Tüchtige die Intelligenz seiner natürlichen Berufung«[11] (Martienßen-Lohmann) besitzt und wie zwanghaft des Sängers Gedanken um dieses seltsame Wesen in seiner Kehle kreisen, wird nur zu rasch vergessen angesichts des oftmals wunderlichen Verhaltens dieser meist kleinwüchsigen und gedrungenen Männer, von dem in zahllosen Geschichten, es sind mehr als *mille e tre,* erzählt wird. »Dieses hohe C ist«, rief, an die Rampe tretend, der Tenor Michele Molese, »für Mr. Schonberg« – die seelische Entlastung gegenüber dem Kritiker der *New York Times,* der dem Tenor der New York City Opera enge, gequetschte Spitzentöne vorgeworfen hatte[12] – anekdotischer Stoff zur Bestätigung eines Satzes von Arturo Toscanini, dem zufolge die raschen Vibrationen hoher Töne – die Grundschwingung beim hohen C beträgt, bei der Stimmung des Kammertons auf 440 Hertz, pro Sekunde 523,2 Schwingungen der gerade zwei Zentimeter langen Stimmbänder – bei Tenören zu Hirnschäden führen müßten. Viel seltsamer noch und Stoff für eine archaische Geschichte, daß der Tenor Giuseppe Anselmi (1876–1929), ein bedeutender Rivale Enrico Carusos, sein Testament mit dem Satz beschloß: »Ich hinterlasse mein Herz der Stadt Madrid.«[13]

Er schrieb dies durchaus nicht in einem metaphorischen Sinne, nicht als Hommage an das Publikum des Teatro Real, das ihn inbrünstig gefeiert und nicht einmal für zwei

Carusos hergegeben hätte; er wollte vielmehr, daß sein Herz wie eine Reliquie in der Stätte seiner Triumphe aufbewahrt werden solle – wie es denn auch geschah. Seinen Bewunderern erzählte er, vor Aufführungen vor der Christusstatue gebetet zu haben, und auch, daß er, einem alten Aberglauben folgend, ein langes Eisen angefaßt habe. Wie denn auch von Pavarotti erzählt wird, daß er vor seinen Auftritten die Bühne nach einem verbogenen Nagel absuche. Warum sollte er dies bestreiten, wenn solch eine Wunderlichkeit als Erzählfarbe so trefflich in die heutigen Heldenlieder paßt wie in den alten Mythos, den Giacomo Puccini, auf den jungen Caruso treffend, in eine kurze Frage faßte: »Wer hat dich geschickt? Gott?!«[14]

Vom mythischen Helden zum Liebhaber

> Wie aber sollte man sich das Wesen vorstellen, das Felsen zum Weinen brachte, Berge erbeben ließ und durch seine unglaubliche Macht alle den Menschen gesetzten Grenzen überwand: als Mann oder Frau, als jung oder alt? ... Die Sopranstimme des Orpheus entstellt ihn nicht, sie zeigt an, daß er *über der Natur* steht... Orpheus hatte eine Natur, die nicht den Beschränkungen unterlag, die sonst jedem einzelnen durch die Zugehörigkeit zu einem einzelnen Geschlecht auferlegt wird.
>
> *Dominique Fernandez: Porporino oder Die Geheimnisse von Neapel*[15]

Die Idolatrie um den Tenor ist, rezeptionsästhetisch betrachtet, ein jüngeres Phänomen der Musikgeschichte. Sie begann erst zu Anfang des 19. Jahrhunderts und wurde zum Mythos am 17. April 1837, da Gilbert-Louis Duprez (1806–1896) bei seinem Debüt an der Grand Opéra von Paris als Arnold in Gioacchino Rossinis *Guillaume Tell* zum erstenmal – wenn es denn ein erstes Mal gibt im Mythos – das *ut de poitrine* erschallen ließ, jenen Ton, der dem Komponisten vorkam wie der »Schrei eines Kapauns, dem die Kehle umgedreht wird«; und vom Publikum gehört und empfunden wurde als der romantische Schrei der Seele und wenig später wohl auch als das Potenzsymbol des singenden Liebhabers.

Der *tenore erotico* hatte nicht immer männlich, nicht immer *eroico* geklungen. In der Frühzeit der abendländischen Musik, im 16. Jahrhundert und somit noch Jahrzehnte vor der Erfindung des *melodramma,* galt die Tenorstimme, wie wir aus dem Traktat des Glareanus[16] wissen, als gewöhnlich, selbst als vulgär. Die Rede geht hier über die Tenoristen der Polyphonie, die wohl mit einem (gestützten) Falsett sangen.[17] Zwei Tenoristen waren es, die an der Wende zum 17. Jahrhundert das *melodramma* schufen: Jacopo Peri und Giulio Caccini.

In der personalen Hierarchie des *melodramma* fielen dem Tenor zunächst nur Nebenrollen zu. Als Besitzer einer gewöhnlichen Stimme hatte er in der *opera seria* weitgehend typisierte Figuren zu verkörpern, die Schranzen und Schurken, die Narren und Parasiten, die Bramarbasse und Dümmlinge. Das erste goldene Zeitalter des *bel canto* kam, wie Henry Pleasants in seiner Chronik *The Great Singers*[18] zeigt, ohne Tenöre aus für die tragende Rolle des *primo uomo,* des Liebhabers.

Diese Rolle fiel an eine ganz und gar künstliche, eine vollkommen stilisierte, eine idealische, und das heißt: an eine geschlechtsneutrale Stimme, an die der Kastraten.[19] Sie beherrschten seit der Mitte des 17. bis zum Ende des 18. Jahrhunderts die Opernbühne, und was ihre gesellschaftliche Wirkung angeht, ihren Erfolg, ihr Geld, ihre Marotten und ihre Absonderlichkeiten, sind die Anekdoten über die Tenöre trockener Stoff im Vergleich zu den Legenden über die Erlebnisse und Fährnisse, den Glanz und das Elend der *evirati*. Der letzte bedeutende Kastrat der Operngeschichte hieß Giovanni-Battista Velluti, für den Giacomo Meyerbeer eine Hauptrolle in *Il Crociato in Egitto* – uraufgeführt zu Venedig anno 1824 – komponierte.[20] Im Dienst der *Capella Sistina* stand als letzter Kastrat von Rang der aus der Türkei stammende Domenico Mustafà (1829–1912) als Leiter der päpstlichen Kapelle (bis 1902). Das schönste Epitaph für diesen Sänger findet sich in den Erinnerungen der wunderbaren Sopranistin Emma Calvé. Sie hatte von Mustafà in der hohen Lage Töne gehört, die ihr »seltsam, asexuell, übermenschlich und unheimlich« vorkamen. Sie fragte ihn, wie man die Bildung solch gleichsam entmaterialisierter und doch berückend schöner Töne lernen könne. Er bedeutete ihr, daß dies ganz einfach sei; sie müsse sie nur zehn Jahre lang mit geschlossenem Munde üben. In ihren Memoiren schreibt die Calvé, daß sie, nach der ersten Entmutigung, mit dem Üben begonnen und nach zwei Jahren ihre »vierte Stimme« gefunden habe, die man auf einigen ihrer Platten durchaus hören kann.[21]

Die Herrschaft der Kastraten war fundiert auf der stilisierten Kunstform der *opera seria* mit ihren mythischen Themen und vor allem der Verklärung herrscherlicher Tugenden in der Ära des Absolutismus. Die Kunstsprache, in der sie sangen, trug zwar nicht den Namen *bel canto* – der Begriff wäre tautologisch gewesen in einer Zeit, da vom Singen nicht »Ausdruck« im modernen Sinne verlangt wurde, sondern die artifizielle Schönheit einer elaborierten Formen- und Formelsprache –, doch ihr allein ist jener Name oder Begriff, geprägt wohl erst am Ende des 19. Jahrhunderts, wahrhaft gemäß.[22]

Erst Mitte des 18. Jahrhunderts wurde dem Tenor eine neue Rolle zugewiesen, die »moderne« des Liebhabers. Den Rollentausch ermöglichte das Aufkommen der *opera buffa,* die sich ihre Stoffe nicht aus der Mythologie holte oder aus den Verherrlichungen von herrscherlicher Autonomie und Gnade, sondern aus jenem realen – wenngleich nicht realistisch dargestellten – Leben, das uns aus der *commedia* bekannt ist. Es würde in diesem Zusammenhang zu weit führen, von *vita* und Wirkung des Angelo Amorevoli[23] zu erzählen, jenem Venezianer, der mit bedeutender technischer Bravour und einer vermutlich relativ dunklen Stimme sang und für die erste Aufwertung des Tenors in Italien sorgte; zu weit auch, dem Ruhm des Franzosen Pierre Jélyotte nachzuspüren, der nach allen Zeugnissen ein *alto* war und das Publikum, namentlich das weibliche, mit seinem klaren, weichen und silbrigen Timbre und seiner anmutigen Manier überwältigte.

War Amorevoli ein agiler Tenor-Bariton gewesen, ein *tenore baritonale d'agilità,* so kamen aus der Gegend von Bergamo gegen Ende des 18. Jahrhunderts zwei Sänger, die nachweislich phantastischer Höhenflüge fähig waren – wenn anders Gioacchino Rossini in seinen frühen neapolitanischen Opern etliche seiner in höchster *tessitura* liegenden Partien nicht als eine Art von Wunschdenken über sängerische Virtuosität niedergeschrieben haben soll. Sie hießen Giacomo und Giovanni David, waren Vater und Sohn, und es war der Sohn, der den Rossini-Biographen Stendhal durch die Schönheit seiner Stimme und die Anmut seines Singens »zu den Engeln« schickte.[24] Auch sie waren Tenor-Baritone, die sich bei ihren Höhenflügen in der vokalen Stratosphäre des *falsetto* bedienten – so wie es auch der elegante Andrea Nozarri[25] tat, der ausdrucksvolle Manuel Garcia[26] oder der als dramatisch begabt gerühmte Nicola Tacchinardi,[27] nicht zuletzt der mächtige Domenico

Donzelli, der in der Uraufführung von Bellinis *Norma* den Pollione sang und schon in Rossinis *Otello* dem dramatischen Tenor gleichsam machtvolle vokale Statur gegeben hatte.

Donzelli besaß nach dem Zeugnis von Henry Fothergill Chorley,[28] und es ist das Zeugnis eines der größten *savanti,* »eine der üppig-klangreichsten, tiefliegenden Tenorstimmen, die man je hat hören können – eine Stimme, die niemals durch unermüdliches Üben geschmeidig genug gemacht worden wäre, als daß sie die Opern des Signor Rossini so wie geschrieben hätte ausführen können«. Der Sänger sei aber »selbst in diesem Betracht versierter und geschickter« gewesen »als all die Rohlinge, die ihm nachfolgen sollten. Das Volumen von Donzellis reicher und sonorer Stimme war echt und nicht forciert ... Wenn er seine hohen Noten aussandte, mußte man um seine Adern und Blutgefäße nicht bangen, Grund für seine Herrschaft auf der italienischen Bühne, die dreimal so lang währte wie die jener weniger begabten, schlechter geschulten Burschen, die sich seitdem der Karriere des *tenore di forza* verschrieben haben.«

Diese Schilderung entspricht exakt einem Bericht der *Allgemeinen Musikalischen Zeitung* (Wien) aus dem Jahre 1823. Darin heißt es, daß Donzelli, ohne je das Falsett zu gebrauchen, als Otello das hohe A mit voller Bruststimme gesungen habe, während Signor David als Roderigo mit dem *falsetto* in der höchsten *tessitura* brilliert und sogar das f^2 gesungen habe. Die Partitur zeigt, daß die Partie des Otello, vor allem in der *fioritura,* viele Male das A und auch das B erreichen muß, während die des Roderigo nicht nur etliche hohe C's verlangt, sondern auch ein Dutzend hohe D's. Die Rolle des Jago ist ebenfalls für einen Tenor geschrieben – den modernen Bariton gab es praktisch noch nicht, ihn hat Rossini selbst mit dem Figaro geschaffen und ihm das G^1 abverlangt, aber die höchsten Töne sind G's, und aus diesem Tatbestand mag man ablesen, daß Garcias Stimme mit dem Ton an ihre Grenze kam.

Die Komponisten sahen es als völlig selbstverständlich an, den Sängern und ihren Möglichkeiten zu entsprechen. Mozart fand nichts dabei, die »geläufige Gurgel der Mme. Cavalieri« mit »geschnittenen Nudeln«, als die er Koloraturen bezeichnete, zu stopfen, liebte es, nach eigenem Bekenntnis, einem Ludwig Fischer eine Partie anzumessen wie ein »gut gefertigtes Kleid«, und nicht anders verfuhren Rossini oder Bellini. Dem Komponisten der *Norma* sandte Donzelli brieflich eine exakte Beschreibung seiner Stimme mitsamt dem Hinweis auf das, was man heute wohl *passaggio* nennen würde: den Gang- oder Schaltwechsel zwischen den Registern.

Mit Donzelli endet – sprächen wir metaphorisch von den Epochen des Tenorgesangs – das bronzene Zeitalter. Das silberne begann, und dies läßt sich wahrhaft datieren auf einen Abend, mit dem Auftritt eines der ersten romantischen Helden auf der Bühne der Oper – eines Helden aus dem Reiche der Sinne und der Leidenschaften, der von sehnsüchtiger, von empfindsamer, von unerfüllter, von unerfüllbarer Liebe sang: »Nel furor delle tempeste / nelle stragi del pirata / quell'imagine adorata / sie presenta al mio pensier ...«

Teatro alla Scala zu Mailand am 27. Oktober 1827: Zur Uraufführung kam Vincenzo Bellinis *Il Pirata* mit Giovanni-Battista Rubini (1795–1854) in der Hauptrolle und Henriette Méríc-Lalande als Imogene, und die Melodien, die Rubini sang und fortan, auch von Gaetano Donizetti, zu singen bekam, waren von jener Schönheit, die von den romantischen Poeten, von Alfred de Musset über Byron bis hin zu Baudelaire, Verlaine und Gide, als »unbezwinglich traurig« und als »verzweifelt« beschrieben worden sind.[29]

Rubini muß mit schmelzender Schönheit gesungen haben und mit einem Timbre von androgyner Schönheit, wobei er die weichen und sinnlich neutralen Töne der Davids in der höchsten Lage gewissermaßen verstärkte. Er gab ihnen mehr leuchtende Brillanz und mehr lyrische Empfindsamkeit – also Ausdrucksfarben, die man in der virtuos verbrämten Musik des jüngeren Rossini schwerlich findet.[30]

In seinen *Thirty Years' Musical Recollections* schreibt Chorley: »Es hat niemals einen Künstler gegeben, der so gründlich selbstverliebt sich seines Singens erfreut hätte wie er – ein Selbstgenuß, der sich dem Publikum durchaus mitteilt ... Als Sänger und nur als Sänger ist er der einzige Mann seiner Zunft, der in diesen Seiten als ein Künstler von Genie Erwähnung finden darf. Kein Sänger ... in meiner Erfahrung hat das Publikum, solange auch nur ein Rest von Stimme in ihm war, derart entzückt, und an keinen erinnern wir uns mit einer so tiefen Affektation.«[31] Henry Pleasants vertritt die Ansicht, daß Rubini, obwohl Sänger der Romantik, technisch-genealogisch gesehen ein später Nachfahre der großen Kastraten war, der Pacchierotti und Crescentini, Ansani und Raaff, und daß sich seine Kunst vor allem in jenem *cantabile*-Gesang entfaltete, der nach Stendhal die »mystischen Qualitäten der menschlichen Stimme« verströmte wie ein Opiat – in der Romantik als Mischung aus Blütenduft und Pesthauch.

Es spricht für sich, daß Franz Liszt und auch Frédéric Chopin bekannten, die Kunst der pianistischen Phrasierung den führenden Sängern ihrer Epoche, voran Rubini und der großen Giuditta Pasta, abgelauscht zu haben. Die Metamorphose dieses Gedankens findet sich bei dem Pianisten Vladimir Horowitz, der sich, wie er mehrfach erzählte, zeitlebens die Platten von Giuseppe Anselmi und vor allem von Mattia Battistini angehört hat, um ihre *ruba-*

to-Nuancierungen und Phrasierungsfinessen zu studieren – eine Kunst, die ausgerechnet von denen vernachlässigt wird, die sie am ehesten zu lernen hätten: den Sängern der romantischen italienischen Oper.

»Die Tradition seiner Methode«, so schrieb Chorley über Rubini, »ist mit ihm gestorben.«[32] Des 1854 dahingegangenen Sängers wurde so ausführlich gedacht, weil er zwei der wichtigsten Partien aus dem Repertoire Pavarottis in den jeweiligen Uraufführungen gesungen hat: den Elvino in *La Sonnambula* und Arturo in *I Puritani*. Und aus einem ähnlichen Grunde ist zweier anderer Tenöre zu gedenken, deren Glanzrollen auch für Pavarotti wichtig sind: Adolphe Nourrit (1802–1839), dem Gioacchino Rossini Néocles in *Le Siège de Corinth*, Aménophis in *Moise*, Arnold in *Guillaume Tell* und den Titelhelden in *Le Comte Ory*, dem Daniel François Esprit Auber den Masaniello in *La Muette de Portici* und *Gustave III*. dedizierte und der in der Uraufführung von Giacomo Meyerbeers *Robert le Diable* und *Les Huguenots* sang; und Gilbert-Louis Duprez, der bei der Uraufführung von Hector Berlioz' *Benvenuto Cellini* die Titelrolle darstellte und dem der Komponist später, in seinen Essays *Abende im Orchester*, eine ironische »Astronomische Studie« widmete.

Der Rang Adolphe Nourrits für die Geschichte der Oper ist schwerlich zu überschätzen; nach Ansicht von Henry Pleasants muß man in ihm den größten dramatischen Tenor überhaupt sehen.[33] Außerordentlich nicht nur die Zahl der Rollen, die er als erster gesungen hat, noch wichtiger ihr Rang, der nicht zuletzt durch die Qualität der ersten Aufführungen ins Bewußtsein des (damaligen) Publikums gelangen konnte. »Bevor Verdi und Wagner kamen«, schreibt Pleasants, »hat Nourrit allein das Repertoire für den dramatischen Tenor geschaffen.«[34] Er hat einen darstellerischen Typus durchgesetzt, wie er von Wilhelmine

Schröder-Devrient für Wagner durchgesetzt ward: den im Singen durch den Mimus agierenden Darsteller. Der italienischen Manier stand er fremd gegenüber. Beeinflußt von dem großen Schauspieler François-Joseph Talma, ging es ihm nicht allein um die Schönheit der Tonproduktion, um den Reiz des *cantabile*, um die Finessen des *canto spianato*, sondern um die sprachlichen und dramatischen Nuancierungen, die suggestive Gestik des Pantomimen, die Signifikanz in Textausformung und Deklamation, kurz um all das, was Wagner in *Oper und Drama* als Darstellung von Musik aus dem Geist des Dramas beschrieben hat.

Nourrit zog sich zurück, als der in Italien ausgebildete Gilbert-Louis Duprez nicht nur an die Grand Opéra von Paris engagiert wurde, sondern als Arnold in *Guillaume Tell* debütieren durfte. Er reiste durch die Provinz, grollend darüber, daß der weniger subtile, aber stimmächtigere Rivale umjubelt wurde, und nahm sich schließlich, in verwirrtem Geisteszustand, am 8. März 1839 in Neapel das Leben. In der Pariser Kirche von Notre-Dame-du-Mont spielte Frédéric Chopin bei der Trauerfeier am 24. April die Orgel – »mit einem klagenden Ton, so sanft wie das Echo aus einer fernen Welt« (George Sand).[35]

Der seismische Schock

Heute hat uns Duprez geradezu elektrisiert. Welch eine Kühnheit! Ein angsteinflößender alter Löwe! Wie er dem Publikum all seine Eingeweide ins Gesicht schleuderte! Denn das, was man da hört, sind keine Töne, das sind Explosionen einer Brust, die unter dem Fuß eines Elefanten zermalmt wird. Das ist sein eigen Blut, sein eigen Leben, das er verströmt, um das Publikum zu verzaubern.

Gustave Roger über Gilbert-Louis Duprez als Otello in Rossinis Oper, 1849[36]

NICHT der phantasievolle Künstler und bedeutende dramatische Darsteller Adolphe Nourrit, sondern Duprez sorgte für den markantesten Wendepunkt in der Geschichte des Singens – durch jenen Ton, den der amerikanische Sänger Stefan Zucker, der sich selbst als den »höchsten Tenor der Welt« feiert, zum »seismic shocker« stilisierte.[37] Nach den Schilderungen des bei aller Ironie sachlichen Hector Berlioz muß Duprez eine Zeitlang ein verläßlicher Lieferant hoher und höchster Töne, jedoch ein sorgloser Musiker gewesen sein. Er brillierte mit energisch attackierten Tönen in der Vollhöhe, war jedoch schon 1838 außerstande, in Cellinis »Sur les monts les plus sauvages« am Ende der Phrase »Je chanterais gaiment« ein G^1 drei Takte lang zu halten. Berlioz berichtet auch, daß Duprez in »Asile héréditaire« statt eines Ges stets ein F gesungen habe und, darauf hingewiesen, erklärte: »Diese Note wirft mich aus der Bahn.«[38]

Auch die Berichte verläßlicher Chronisten können falsches Zeugnis ablegen, und dies ganz besonders über solche Sänger, in deren Leben die Zeit ein sonderbar Ding. Bevor Duprez nach Frankreich und unter die kritischen Ohren Berlioz' kam, hatte er bereits eine Dekade in Italien gesungen und unter anderem bei der Uraufführung von Gaetano Donizettis *Lucia di Lammermoor* den Edgardo verkörpert. Von der Schlußszene her zu urteilen, muß er wohl ein gleichermaßen eleganter wie pathetischer Sänger gewesen sein. 1831 sang er bei der italienischen Premiere von *Guglielmo Tell* den Arnoldo, und diese Aufgabe veranlaßte ihn zu einer heroischen Anstrengung. Anders als in seinen frühen neapolitanischen Opern, *exempla classica* italienischer Klassizität, zielt Rossini hier auf jene Steigerung der orchestralen und vokalen Mittel, die mit dem Begriff der *expression outrée*[39] treffend beschrieben worden ist. Es liegt nicht nur die Partie des Arnold in höchster *tessitura*, auch exponierte Töne in Ensembles müssen gesungen und bei voller dynamischer Ausladung gehalten werden. Es ist die erste hybride Tenorrolle in der Geschichte der Oper.[40]

In den ersten Jahren seiner Karriere aber kostete es Duprez erhebliche Mühe, sich selbst in leichten Rollen zu behaupten. In seinen *Souvenirs d'un Chanteur*[41] berichtete er, daß es der höchsten Konzentration und aller Willenskraft bedurfte, für die Partie des Arnold so etwas wie eine Klanggestalt zu bilden, vor allem die wahrhaft angsteinflößende klimaktische Phrase in der *stretta* nach »Asil héréditaire«, vom G über B und H auf das lang gehaltene C aufsteigend, zu bewältigen. Rossini goutierte den Ton, wie erwähnt, überhaupt nicht; Kritiker, nicht nur Berlioz, tadelten seine Laxheiten der Intonation, auch seine mangelnde Agilität – zurückzuführen auf die dunkle Einfärbung der Stimme, die auch das Modulieren beeinträchtigt –, und beschworen die Erinnerung an die Kunst der *voix mixte*, welche Nourrit den mühelosen Aufstieg selbst auf das Cis (verlangt im Duett des zweiten Aktes) erlaubt hatte – doch das Echo jenes *ut de poitrine* verursachte ein Beben in der Welt der Oper und in der der Tenöre.

Zum erstenmal kam es zur Bildung von Tenorfächern. Rubini galt als Vorbild für den Typus des leichten, lyrischen Sängers *(tenore di grazia)*, Duprez als Modell für die dramatischen *tenori stentorei*. Auf Rubini folgten Napoleone Moriani – mit dem Giuseppina Strepponi zwei Kinder hatte, bevor sie die Frau Giuseppe Verdis wurde –, der wundervolle Stefano Matteo de Candia, genannt Mario und berühmt ob seiner schmelzenden Manier und sanft-süßen Töne, »die eine Seele im Fegefeuer getröstet haben würden«,[42] der elegant-virtuose Angelo Masini und endlich der kunstvolle Ziseleur Fernando de Lucia, dessen zahlreiche Aufnahmen uns ein deutliches Bild geben über die Kunst einer längst vergessenen (und nicht nur vergangenen) Epoche des Singens.

In der Ahnenreihe der Heldentenöre sind, nach Nourrit und Duprez, vor allem Enrico Tamberlick (1820–1889) und, als Tenor des jungen Verdi und als »Tenor der Flüche«, Gaetano Fraschini zu nennen. Tamberlick sang zum einen das französische Repertoire der Nourrit und Duprez, zum zweiten die Rollen Donzellis, insbesondere Rossinis Otello und Bellinis Pollione, und zum dritten galt er als überragender Sänger von Verdis Manrico, Ernani, Herzog und Don Alvaro – den Mestizen sang er bei der Uraufführung von *La Forza del Destino* in St. Petersburg. Tamberlick war es, der in der *stretta* aus *Il Trovatore* das hohe C interpolierte, das nicht zu singen selbst mit dem Hinweis auf Werktreue kaum mehr begründet werden kann. Der Umfang von Tamberlicks Stimme muß extraordinär gewesen sein. In Rossinis *Otello* substituierte er, zum Mißvergnügen des Komponisten, im Finale ein A^1 durch ein Cis^2, das er nach dem Bericht von P. G. Hurst 1877 in London »mit derart ungewöhnlicher Kraft und Frische sang, daß die Passage wiederholt werden mußte«.[43] Verdi zeigte sich weniger empfindlich als Rossini ob der Cs in der *stretta*, die von der Menge umjubelt wurden: Es sei nicht die Aufgabe des Komponisten, mit dem oder gegen das Publikum zu argumentieren.

Ein genaueres Bild vom sängerischen Stil und vom Klang dieser Sänger können wir uns anhand der Aufnahmen des ersten Otello – Francesco Tamagno (1851–1905) – erschließen, auch wenn es die eines herzkranken Sängers sind, der sich nach einer erschöpfenden Karriere längst von der Bühne zurückgezogen hatte. Tamagno gilt als *vociferatore* oder als *suonatore*, der, nach einem Wort vom William James Henderson, seine *acuti* mit »der Wucht achtzölliger Granaten« in die Theaterräume geschossen hat. Der Dirigent Leopoldo Mugnone erlebte, daß Tamagno in der »Corriam«-*stretta* aus *Guglielmo Tell* fünfmal das C hinzufügte. Weniger bewundernd die Kommentare seiner musikalischen und darstellerischen Fähigkeiten – ob es sich nun um Anmerkungen in den Briefen Verdis handelt oder um Kritiken von George Bernard Shaw[44] oder gar um die Urteile der Nachwelt.

Ausgerechnet diejenigen, die dem breiten Publikum das Gefallen an lauten hohen Tönen als fetischistisch verübeln, haben offenbar in den Aufnahmen dieses *great old roarer* – ein Topos aus Kritiken über Tamagno – wundervoll verhangene und weiche Phrasierungen geflissentlich überhört.[45] Gewiß läßt sich sein Vortrag nicht als anmutig oder elegant, nicht als sanft oder schmelzend beschreiben, doch ist Henry Pleasants' Anmerkung, Tamagno sei »subtilen Singens nicht fähig«[46] gewesen, schwerlich haltbar. Die Brillanz seines Singens lag in der Konzentration und Verdichtung eines sauber fokussierten Tons und nicht, wie beispielsweise bei späteren *tenori di forza*, im Ausgießen eines breiten Klangstroms von allerdings trübe-dunkler Farbe, wie man es allzuoft bei dem berühmtesten aller Nachkriegs-Otellos, Mario del Monaco, erleben kann (oder erleiden muß).[47]

Weder die sängerische Technik noch der vokale Stil lassen sich ablösen von der kompositorischen Produktion. Das ist ein Truismus. Im 17. und ganz besonders im 18. Jahrhundert, auch noch zu Beginn des 19. Jahrhunderts, schrieben die Komponisten für die Sänger ihrer Zeit; sie erwarteten überdies von der Kunst der sängerischen Improvisation eine Art von musikalischem *surplus:* das Ornamentieren, die Hinzufügung von *abbellimenti,*[48] die Ausgestaltung der musikalischen Rede, jene Eloquenz, die aus dem souveränen Umgang mit vokalen Gesten und Formeln hervorgeht und dem Gesangsausdruck das Element des Piktorialen verleiht. Man höre nur Sänger wie Victor Maurel, Mattia Battistini oder Fernando de Lucia. Diese Kunst konnte sich bei Verdi noch entfalten – die Betonung liegt auf *noch.* Entfalten, um einige Beispiele zu geben, in Jagos »Era la notte«[49] oder in Falstaffs »Quand' ero paggio«; in lyrischen Rezitativpassagen in der Partie des Herzogs oder in einigen Kadenzen, auch in seinen gespannten *cantabile*-Passagen.

In zwei Sängern der Jahrhundertwende vollendete sich die vokale Tradition – in Jean de Reszke (1850–1925) und Enrico Caruso (1873–1921). De Reszke, zu hören nur auf wenigen der legendären Mapleson-Zylindern[50] – wenn man denn diese Art einer akustischen Archäologie als Hören bezeichnen will –, dieser Jean de Reszke war schon zu seiner Zeit ein (aristokratischer) Anachronismus, nicht nur ein Darsteller heroischer oder nobler Helden und Liebhaber – Radames, Vasco da Gama, Lohengrin, Walther von Stolzing, Siegfried, Tristan, Romeo –, sondern ihre Inkarnation und Idealisierung. Cosima Wagner, die damals schon den Wagner-Sängern den »Bayreuth bark« (Shaw) andressierte, wurde durch den Vortrag de Reszkes der Schönheiten von Lohengrins Gesängen inne. Auf die heroische Pose wußte er leicht – oder leichtfertig? – zu verzichten. In Verdis *Aida* ließ er, weil seine Stimme »noch nicht ausreichend aufgewärmt« war, die Romanze des Radames aus, und als er 1891 in London seinen ersten Otello sang, beklagte George Bernard Shaw eine *petulant laziness* bei der Darstellung. »Er betrachtete Kunstwerke vom Standpunkt eines Mannes mit verfeinertem Geschmack«,[51] schrieb William James Henderson in *The Art of Singing*, und damit entsprach er dem konservativ-moderaten Geschmack jener New Yorker Gesellschaft, die das Rund des Theaters in ein »diamantenes Hufeisen« verwandelte.

Als unvergleichlicher Stilist im französischen Repertoire – de Reszke war nicht nur »der größte Romeo, der je die Bühne betrat« (Henderson), sondern auch ein idealer Faust, Des Grieux, Raoul, Jean de Leyden – sang er eine einzige Partie, die dem (damals) modernen Repertoire zuzuschlagen ist: Don José in *Carmen*. Schwerlich aber dürfte er sich expressiv derart exaltiert haben wie sein Nachfolger an der Met, wie Enrico Caruso, in dessen Kunst sich nicht nur vollendete, was gemeinhin oder auch gedanken- und sinnlos *bel canto* genannt wird, sondern der, mit einem Wort von Luciano Pavarotti, »das Singen aller Tenöre des italienischen Fachs« entscheidend geprägt hat.

Vom Ende in der Vollendung

Die meisten Nachahmer lockt das
Unnachahmliche.

Marie von Ebner-Eschenbach

Nach Caruso gab es vier Jahrzehnte lang keine Entwicklung mehr. Insofern dient ein kurzer Exkurs zu Caruso und zu dem Repertoire, das er sang, als ein Schlüssel zur Erklärung späterer Sänger und nicht zuletzt Pavarottis selbst.

Zitiert sei zunächst der kompetenteste aller Zeitzeugen, William James Henderson, der nach Carusos Tod in der *Sun* vom 3. August 1921 folgendes Epitaph verfaßte: »Seine Stimme war ursprünglich eine rein lyrische, eine geschmeidige, weiche und sonore, aber keine schwere Stimme, ohne jede Frage die schönste Tenorstimme, welche die lebenden Opernbesucher jemals gehört hatten. Seine frühen Erfolge in New York errang er mit lyrischen Rollen aus Opern wie *La Bohème, Tosca, L'Elisir d'amore, La Gioconda* und mit gelegentlichen Ausflügen in dramatische Bezirke wie in *Aida*. In jenen Tagen besaß die Stimme den Zauber samtiger Weichheit im Verein mit Klangreichtum und einer schlechthin unvergleichlichen Ausgeglichenheit. Sobald der Abstand der Jahre die Perspektive noch klarer gemacht haben wird, werden die empfindsameren Musikfreunde sich seiner Wiedergaben von ›Cielo è mar‹ und ›Una furtiva lagrima‹ als der luftigsten Flüge seines lyrischen Genies erinnern. Sein Ehrgeiz richtete sich allerdings darauf, in heroischeren Partien zu glänzen, und innerhalb weniger Jahre entwickelte er jenes machtvolle mittlere Register, das er mit brillantem deklamatorischen Effekt in *Samson et Dalila, La Juive* und *Le Prophete* gebrauchte.

Dabei opferte er etwas von der durchscheinenden Reinheit des Tons, die zu den schönsten Elementen seines früheren Singens gehört hatte. Er erwarb eine neue Manier der Attacke, eine energischere und explosivere, doch büßten seine hohen Töne nichts an durchdringender Brillanz ein... Kein anderer Tenor, an den sich lebende Opernfreunde erinnern können, besaß solch eine schöne Stimme. Kein anderer gebot über eine bessere Technik. Doch was die Weite der Konzeption angeht, bezogen auf die Fähigkeit, Ideen und Gefühle mit der Stimme zu dramatisieren, oder die Kraft, Interpretationen vollkommene Überzeugungsgewalt zu geben, übertrafen ihn einige andere. Was aber seine Aufrichtigkeit betrifft, seine Inständigkeit und seine Hingabe an seine Kunst, so überragte er alle seine Rivalen...«[52]

In seinen weiteren Ausführungen über den *Darsteller* hebt Henderson hervor, daß Caruso, ganz anders als de Reszke, in der Rolle des Raoul »bourgeois« gewirkt habe, daß sein Des Grieux alles andere war als ein Chevalier. Banal, dies nur als Frage seiner Herkunft zu verstehen; des Sängers dramatische Energie und Phantasie waren groß genug, ihn im Verlauf seiner New Yorker Jahre zu einem erstklassigen Darsteller werden zu lassen. Doch stellte er nicht mehr jene Liebhaber dar, die – wie Edgardo oder Elvino oder Arturo – von der Liebe nur träumen und singen und an den Schmerzen des Herzens leiden. Als Zeitgenosse der Veristen sang er vom Kampf der Geschlechter, wurde seine Stimme, diese reiche, sinnliche und brünstige Stimme, zu einer Art Seismograph der Sinnlichkeit und Sexualität. Es gibt eine im sizilianischen Dialekt gesungene Aufnahme von »O Lola« aus *Cavalleria Rusticana,* die gleichsam Beben der Sinne ist und klangvolles Lustgestöhn.

Caruso verband die klassische Technik der Stimmbildung, gleichsam die perfekte Bogenführung auf einem wundervoll klingenden Cello durch die Hand eines Casals, mit den sinnlichen Gesten eines *latin lover* im modernen Sinne. Da ist, in seinen vokalen Gesten, mehr psychologischer Realismus; da ist, in seinem Gefühlsausdruck, mehr schluchzendes Leid; da ist, in seiner Attacke, das schmerzhafte Ansaugen der Luft; da ist, in seiner Akzentuierung, die Zuspitzung der Dynamik bis zu einer Art von vokaler Weißglut; da ist das Brennen des *fuoco sacro* – und da ist, in seinen größten Momenten, jene Emanation, die allein aus der Idee des Orphischen zu begreifen, schwerlich aber zu beschreiben oder zu erklären ist.

In Caruso vollendete sich, so die These, die Kunst des italienischen Tenorgesangs und des *bel canto*, der, vor allem in musikalisch-stilistischer Beziehung, als Anachronismus galt. Der *canto fiorito*, dem die Technik des *bel canto* vor allem zu dienen hatte, wurde von der Furie des Verschwindens dahingerafft, und es spricht für sich, daß Arturo Toscanini die Platten eines Fernando de Lucia nur deshalb aufbewahrte, um einmal am Tage lachen zu können. Da Tenöre wie Alessandro Bonci und selbst John McCormack neben Caruso verblaßten, begannen sich die Nachfolger des Neapolitaners eines Arsenals von Gesten und Affekten zu bedienen, das von Caruso gefüllt worden war: der Schallplatte. Durch Caruso allein war sie zu einem Instrument geworden, durch die Nachfolger ward sie zum Medium der sängerisch-ästhetischen Nivellierung.

Es mag ja sein, daß beispielsweise Benjamino Gigli ein »engelhafter Tenor«[53] (Rodolfo Celletti) war; daß er, so singt ein großer Chor von anderen Bewunderern und Kritikern, die schönste lyrische Tenorstimme des Jahrhunderts besessen hat. Doch leidet dieser Engel für des Verfassers Geschmack an infantiler »Maaammmmmaaa«-Bindung, an jener »Tümelei«, die das Volkstümliche verhunzt und verhökert, und jener sentimentalen Gefühligkeit, die sich allzuleicht politisch mißbrauchen läßt – wie es denn mit dem Sänger selbst geschah, der sich von den Faschisten einkaufen ließ. Sogar aus dem Vortrag von Toscaninis Lieblingstenor Aureliano Pertile (1885–1952) tönt oder dröhnt nicht nur die Exaltation des *verismo,* sondern auch das übersteigerte rhetorische Geschrei politischer Rede aus dunkler, aus dunkelster Zeit. Allein Tito Schipa und Giacomo Lauri-Volpi schlossen an die Traditionen des *tenore di grazia* und des romantischen Bellini- und Donizetti-Tenors an, ohne indes beim breiten Publikum jene Gunst zu erringen, die Gigli, der »Rattenfänger von Recanati« genoß. Selbst Jussi Björling (1911–1960), Besitzer einer der brillantesten Tenorstimmen des Jahrhunderts, fiel erst nach seinem Tode die Bewunderung zu, die ihm zu Lebzeiten von Mario del Monaco streitig gemacht wurde. Anders als praktisch alle Italiener versagte sich der »mit eisiger Reinheit« (Celletti) singende Schwede die Imitation von Carusos »Ausdrucksgesten«; statt dessen überführte er seinen sängerischen Vortrag in einen Stil »klassizistischer Wohlordnung«, der vielleicht eine Spur fade oder blaß gewirkt hätte, wäre da nicht die überwältigende Brillanz der Stimme und die phantastische Energie der Phonation gewesen.[54]

In den fünfziger Jahren wurde der italienische Tenorgesang dominiert von zwei Sängern: von Mario del Monaco (1915–1982) und von Giuseppe di Stefano (geb. 1921). Ersterer strahlte das Selbstbewußtsein, die Energie, die machistische Kampfeslust eines römischen Volkstribunen aus und sang mit nimmermüder Brillanz und um so quälenderer Monotonie. Wenn der Werkstoff Beton je hätte besungen werden müssen, dann mit der Stimme del Monacos, der nichts auf der Welt fürchtete, es sei denn das *piano.* Der Sizilianer Giuseppe di Stefano besaß die Mentalität des *latin lover* und die marktschreierische Suggestivität eines

Pizzaverkäufers, gepaart mit einer berückend schönen und hemmungslos ausgebeuteten, dabei stets überforderten Stimme. Er übersang sich derart, daß seine hohen Töne schon früh so rauh wie Sandpapier wurden. Er selbst hat Luciano Pavarotti auf die Fehler seiner Jugend – und das waren nicht nur die eines Musikers, sondern auch die eines Spielers, eines Hasardeurs – aufmerksam gemacht.

Wer aber, der über die Oper der fünfziger Jahre spricht, redet noch über Mario del Monaco oder Giuseppe di Stefano? Wer über den stimmlich zwar nicht so effektvollen und eindringlichen, stilistisch aber versierteren Carlo Bergonzi? Wer über den mit weit über sechzig Jahren jugendlich wirkenden und jungenhaft singenden Alfredo Kraus? Wer über den chamäleonhaft-stilsicheren oder anpassungsfähigen Nicolai Gedda? Wer endlich kennt noch all die Giuseppe Campora, Gianni Poggi, Ferruccio Tagliavini, Giacinto Prandelli, Gianfranco Cecchele, Flaviano Labò oder auch den brillanten Gianni Raimondi?[55] Wer erwähnt, wenn es denn weniger um die Kunst des Singens oder auch nur um solide Darstellungen einer Partie geht, die *tenorini* wie Luigi Alva, Nicola Monti, Ugo Benelli *e tutti quanti*?

Vom Neubeginn in der Vergangenheit

Hört man heute Aufnahmen der damals (in den fünfziger Jahren) besten Tenöre, Baritonisten und Bässe, hat man größtenteils den Eindruck eines totalen Verlustes an Niveau: keine gesangstechnische Stütze und dementsprechend erzwungene und unausgeglichene »messa di voce«; Unfähigkeit, ein Legato, ein Piano und Pianissimo zu singen; hohe Töne, die entweder guttural oder glanzlos oder schrill oder schreiend herauskommen ... Eine Sanierung der Verhältnisse, die von Corelli, von Bergonzi, von MacNeil eingeleitet und von Kraus, Pavarotti aufgenommen wurde, spielte sich weitgehend in einem Repertoire ab, das mit dem authentischen Belcanto nichts zu tun hatte, so daß sich, als nach Maria Callas auch Joan Sutherland und Marilyn Horne ihre Karrieren begannen ... eine Situation ergab, an die wir uns alle haben gewöhnen müssen: ein enormer qualitativer Unterschied in bezug auf Technik, Stil und Expressivität zwischen diesen beiden außergewöhnlichen Virtuosinnen und den ihnen in barocken Opern und in Werken Rossinis als Partner zur Seite gestellten Tenören, Baritonen und Bassisten.

Rodolfo Celletti, Geschichte des Belcanto[56]

KÖNNTE es sein, daß der Mythos Caruso verraten, aufgelöst oder begraben wurde, als oder weil Hollywood ihn aufleben lassen wollte mit jenem Burschen, der so strahlend-naiv lachen konnte und Brillantine im Haar hatte, als ein Künstler verwandelt wurde in einen »Komm-in-die-Gondel«-Touristenführer? Das fällt zusammen mit anderen klein- und kleinstbürgerlichen Träumen von der großen Karriere. Italiens Mütter setzten nicht länger alle Hoffnungen in goldene Kehlen, »sondern auf den Busen und Hintern der heranwachsenden Töchter, auf den Traum vom Film«.[57]

Gewiß, Mario del Monaco und Giuseppe di Stefano brachten es noch zu einiger Bekanntheit, aber der Mythos Tenor war eine Zeitlang ausgesetzt; berühmt wurde allein ein Mädchen aus der New Yorker Bronx: Maria Callas. Sie war es, welche die Opernbühne von den Seelchen und den *femmes fragiles,* von den Bäuerinnen, keifenden Fischweibern und kleinbürgerlichen Kokotten erlöste. Sie und nur sie allein war es, die mit der Darstellung liebend-leidender, rachsüchtig-außenseiterischer Frauen in einem »stilisierten vokalen Delirium« (Fontana) in den Raum des Wahnsinns, auch des Wahnsinns der sexuellen Gelüste, Träume und Rasereien eindrang – und ausgerechnet in den fünfziger Jahren, in einer Zeit dumpfer Restauration und müder Moralität, beim Publikum auf irritierende Weise Tiefenschichten bloßlegte und dadurch zur Sensation wurde wie zum Skandalon. Doch wenn sie die Norma sang, so neben Darstellern des Pollione (Mario Filippeschi, Mario del Monaco, Franco Corelli), die nichts mehr von anmaßend-aristokratischer Eleganz ausstrahlten; wenn die Lucia, so neben Straßen-Romeos (Giuseppe di Stefano, Giuseppe Campora) ohne die Anmut romantischer Jünglinge; wenn die Gilda, so neben Casanovas aus der Bierschänke; wenn die Amina, so neben anämischen *Zauberberg*-Jünglingen (Cesare Valletti[58] ausgenommen); wenn die Elvira, so neben Playboy-Aristokraten. Mit einem Wort: Als Maria Callas die romantische italienische Opernmusik, die Spätblüte des *canto fiorito,* auf emphatische Weise aktualisierte, fand sie allenfalls bemühte oder tüchtige, schwerlich aber kongeniale Tenorpartner. Sie fand weder einen Rokoko-Virtuosen vom Rang Fernando de Lucias als Partner für ihre Rosina, ihre Fiorilla, ihre Armida, keinen romantisch-jünglingshaften Helden wie den jungen Lauri-Volpi für ihre Norma, ihre Elvira oder Lucia, keinen anmutigen Charmeur für ihre Amina wie Tito Schipa oder de Lucia.

Es sei im Irrealis formuliert: Luciano Pavarotti hätte dieser Tenor werden können, nach Stimme, Temperament und eklektizistischer Veranlagung, welche mit Molière sagt: »Je prends mon bien où je le trouve.« Es sei, für einen Moment, eine Spekulation erlaubt, eine Aussetzung historischer Sachverhalte. Unterstellen wir, jener Stern Maria Callas hätte sich nicht in das fremde Planetensystem verirrt, das wir »Opernbetrieb« nennen. Unterstellen wir, sie hätte im Publikum nicht jene Tiefenschichten freigesetzt und damit das Interesse an den liebessüchtigen und leidensseligen Frauen, die aufgrund extremer Gefühle zu existentiellen Außenseiterinnen werden. Das Repertoire wäre verarmt – all die Joan Sutherland, Montserrat Caballé und Beverly Sills, Teresa Berganz und Marilyn Horne wären nie durch die Tür in die *terra incognita* (Caballé) der romantischen Oper gegangen.

Für die Tenöre wären weiterhin nur Radames und Manrico, Andrea Chenier und Canio, Rodolfo und Calaf obligatorisch gewesen – also die Rollen von del Monaco und Richard Tucker, von Jussi Björling und Franco Corelli. Damit aber ein Singen, das sich erschöpft hätte in der Imitation Carusos, erschöpft bis zur *reductio ad absurdum*. Um diesen Gedankengang – und sei es in rhetorisch-fragender Form – weiterzutreiben: Der Verfasser steht, bei aller Reserve gegenüber del Monaco, nicht an, dessen Darstellungen des Alvaro (zumal in der Live-Aufnahme unter Dimitri Mitropoulos), des Andrea Chenier, des Canio oder des Otello als suggestiv und partiell dramatisch-fesselnd zu respektieren; doch haftet in der Erinnerung (und das Ohr besitzt eine Einbildungskraft eigener Art) kaum ein anderes wirklich unverkennbar eigenes Rollenportrait, eines, das vergleichbar wäre mit der Norma, der Violetta oder der Tosca der Callas.[59]

Nach einem Dezennium der ästhetischen Nivellierung (oder auch Trivialisierung) brachten die sechziger Jahre, als Reaktion auf die von Maria Callas ausgelöste Revolution, eine Wende. Sie läßt sich, mit einem Terminus von Paul Bekker, beschreiben als die Suche nach dem Neuen im Alten. Protagonistin dieser Suche war die australische Sopranistin Joan Sutherland, die 1952 beim Londoner Debüt der Callas als Norma die Clotilde gesungen hatte – und gewiß ins Fach des *lìrico spinto* hineingewachsen wäre, hätte sie nicht durch die Wirkung der Callas ihre ganz eigenen Chancen gesehen: die einer gleichsam archivarischen Auseinandersetzung mit dem *bel canto*. Es ist kein Zufall, daß zur gleichen Zeit Interpreten wie Nikolaus Harnoncourt sich mit der historischen Aufführungspraxis zu beschäftigen begannen, nicht zuletzt mit den Praktiken der Verzierungen.

Das Wort archivarisch sei nicht als Abwertung verstanden, lediglich als Gegensatz zu dem Begriff der emphatischen Aktualisierung. Die große Griechin hatte, kraft exzeptioneller dramatischer darstellerischer Möglichkeiten, ein vier Jahrzehnte lang scheintotes Repertoire nicht nur in Erinnerung gebracht, sondern mit ihm eben »Tiefenschichten« freigesetzt und damit auch etwas vom utopischen Potential in Werken wie *Norma* und *Medea, La Sonnambula* und *Lucia di Lammermoor* aufscheinen lassen; aber nie hatte es in ihrem Singen Momente der Selbstgenügsamkeit gegeben, der sich in sich selber erfüllenden Virtuosität. Mit der Sutherland entstand etwas anderes. Sie, die in den fünfziger Jahren zunächst lyrische und jugendlich-dramatische Rollen gesungen hatte und sich auf dem Weg ins

Fach des *soprano spinto* befand, entwickelte sich, geleitet von Richard Bonynge und ermutigt durch die von Maria Callas bewirkte Renaissance der romantischen italienischen Gesangsoper, zur *virtuosa*. Nach Ansicht Pavarottis war sie, die jüngst nach fast vier Jahrzehnten ihre Karriere beendet hat, die »technisch vollkommenste Sängerin des Jahrhunderts«.[60] Chorley hatte, wie zitiert, über Rubini geschrieben, daß er sich spürbar an seinem eigenen Singen ergötzt habe und daß sich dieser selbstgenügsame Zauber auch dem Publikum mitgeteilt habe. Nicht anders stand es um die Ausstrahlung und die Wirkung der Sutherland – sie war nicht, wie die Callas, eine Tragödin, eine Duse *reincarnata,* sondern eine Nachtigall, ein Naturwesen – aber das einer sublimen *Kunstnatur.* Ihr Singen vermochte, nach Stendhal, das innerste Wesen des Menschen zu rühren, zu rühren durch eine reine und ungetrübte Schönheit, die in jener Kunst des *cantabile* liegt, das nicht als Ausdruck einer Emotion daherkommt, nicht als zitternde Expression einer von Affekten erfüllten oder, wie bei der Callas, gepeinigten Seele, sondern als Elegie.

Was du ererbt von deinen Vätern

Mit der romantischen Oper, mit Bellini und Donizetti, erobert der Tenor endlich einen gleichwertigen Rang neben den großen Frauenrollen. Doch seine Stimme muß zuerst einen Stilisierungsprozeß durchmachen, muß weich und lieblich sein und fähig zu mondüberglänztem *pianissimo,* unendliche Entfernungen und das Schimmern sternenübersäter Himmel wachrufen. Er muß auch einige Züge der Vokalität der Kastraten integrieren. Bis zum *sol* wird er mit der Bruststimme singen, aber die Spitzentöne ... mit dem *falsettone* oder der Kopfstimme ... und mit beinahe femininen Klängen erreichen. Von großer Beschwörungskraft für das Publikum von einst, aber auch für uns: Man höre sich die Schallplattenaufnahme der *Puritaner* mit Luciano Pavarotti an! Mitgerissen von einer großen Vokalistin und Archäologin des Gesangs, wie es die australische Sopranistin Joan Sutherland ist, zeichnet Pavarotti beim Finale der Oper einen großartigen melodischen Bogen in den Himmel – »Ell'è tremante/Elle'è spirante« –, der hinauf und hinauf steigt, bis er die irdischen Geschlechtsmerkmale verliert und auf einem Spitzenton *fa* im Falsett zur reinen und abstrakten Figur der Liebesqualen wird. Als Giovanni Battista Rubini, der erste große Startenor, diese Stelle sang, füllten sich sowohl die Augen Heinrich Heines wie die des Fürsten Metternich mit Tränen. Seltsamer Einklang des Geschmacks!

Luca Fontana, »Che bella voce«.
In: Transatlantik[61]

Es sollte, wie Wilfrid Mellers schreibt, eine Binsenwahrheit sein, daß auch die musikalische Interpretation von den Zeitläuften abhängig ist, von politischen wie ästhetischen Strömungen und nicht zuletzt von Moden.[62] Das gilt gleichermaßen für das Singen. Das sogenannte Hofopernpathos wurde abgelöst vom Tonfall der neuen Sachlichkeit. Wenig später infiltrierten, etwa bei Benjamino Gigli oder Helge Rosvaenge, die rhetorischen Exaltationen der politischen Rede den sängerischen Vortrag; und selbst ein so eminenter Sänger wie Richard Tauber süßte die Amoretten Lehárs mit dem Sentiment des Schlagers. Und die vokale Gestik Carusos, jahrzehntelang von fast allen Tenören nachgeahmt, wurde durch Mario Lanza noch einmal aufbereitet und der Lächerlichkeit preisgegeben.

Im Jahre 1960 veröffentlichten Joan Sutherland und Richard Bonynge, unter Mitarbeit von Marilyn Horne und Richard Conrad, ein Album mit dem Titel *The Age of Bel Canto*.[63] Diese Anthologie zeichnete sich, wie eine zweite der Horne mit einem Malibran-Viardot-Programm,[64] durch einen höheren Ehrgeiz aus als den, brillante sängerische Effekte vorzuführen. Sie bedeutete den Versuch einer systematischen Rekonstruktion jener Formeln, aus denen sich die Formensprache des *bel canto* zusammenfügt. Doch war Richard Conrad von seinen vokalen Möglichkeiten her nicht mehr als ein *tenorino* mit einer Stimme, die höchstens eine Romanze tragen konnte, ein elegisches *cantabile*. Bei allem *finish* seines Singens, auf der Bühne hätte Conrad schwerlich die Rolle des romantischen *primo uomo* aufs neue vitalisieren können. Dazu bedurfte es eines vollblütigen Tenors mit jenen markigen Tönen, die das Publikum seit Duprez, seit Tamberlick, seit Caruso gewohnt war, gereinigt aber von den kruden und vor allem verschlissenen Effekten, ohne die Giuseppe di Stefano, Mario del Monaco und Richard Tucker nicht auskommen zu können meinten; eines Tenors zudem, der, anders als der brillante Schwede Jussi Björling oder sein kühl-beherrschter Landsmann Nicolai Gedda, als singendes Erotikon wirken würde.

Das romantische Repertoire, von Maria Callas aktualisiert, mußte insgesamt restauriert werden. Es reichte nicht mehr, für die romantischen, zärtlichen, elegischen Rollen einfach nur einen Star aufzubieten, wie das in den fünfziger Jahren geschehen war. Mario del Monaco war von der Decca nicht nur als Radames, Otello, Canio und Chenier eingesetzt worden, sondern auch als Herzog und als Pollione – obwohl es technisch und stilistisch geeignetere Interpreten gegeben hätte. RCA setzte Richard Tucker ebenfalls in Rollen – Herzog, Edgardo – ein, die besser bei dem jungen Ferruccio Tagliavini mit seiner honigsüßen, von *morbidezza* getränkten Stimme aufgehoben gewesen wäre. So gerieten denn in den fünfziger Jahren die Darstellungen jener Partien, die leicht und in eleganter Manier hätten gesungen werden müssen, durch eine verfestigte oder auch verkrustete Tradition gleichsam zu *al-fresco*-Bildern. Jan Peerce, Mario del Monaco und der in der Höhe begrenzte Giuseppe di Stefano sangen den Herzog, di Stefano den Edgardo und den Arturo, del Monaco, Mario Filippeschi und Franco Corelli den Pollione – die bloße stimmliche Fülle ward über die Finessen des Singens gestellt. Es ist vielleicht subjektiv verständlich, jedoch bedauerlich, daß Sänger mit leichteren Stimmen sich dazu verstanden, in der falschen Gewichtsklasse anzutreten, nur um konkurrieren zu können. Das gilt, wie aus Irving Kolodins *Story of the Metropolitan Opera* hervorgeht, etwa für Ferruccio Tagliavini;[65] betrifft aber auch Giuseppe di Stefano, der ursprünglich, wie seine Aufnahmen aus den späten vierziger Jahren zeigen, einen lyrischen Tenor von samtiger Klangpracht besaß, doch schon allzufrüh, die Regel des

»Deckens« mißachtend, die Bruststimme roh hochtrieb und dadurch seine Vollhöhe verlor. Beide Sänger riskierten nicht nur zu schwere Partien, sondern gaben auch den lyrischen zuviel tonliches Gewicht.

Pavarotti war, als er auf Joan Sutherland und ihren Mann Richard Bonynge traf, noch kein Star – und damit formbar. Nach seinem Debüt am 29. April 1961 in Reggio nell'Emilia hatte er in seiner ersten Saison nur den Herzog und den Alfredo gesungen – in insgesamt nur 16 Aufführungen. In der Spielzeit 1962/63 kammen zu diesen Partien lediglich zwei hinzu: Edgardo und Pinkerton. Pavarotti bestritt 34 Vorstellungen. Die Saison 1963/64 brachte 42 Aufführungen und eine einzige neue Rolle, den Idamente in Mozarts *Idomeneo*, den er zwölfmal beim Festival in Glyndebourne sang. Seine erste Aufführung mit Joan Sutherland sang Pavarotti am 15. Februar 1965 in Miami und in Fort Lauderdale. Vom 26. Mai an folgten fünf Vorstellungen von Vincenzo Bellinis *La Sonnambula* an der Royal Opera Covent Garden in London, und gleich danach zog die Sutherland-Williamson International Grand Opera Company – zu der auch Elizabeth Harwood und Spiro Malas gehörten – nach Australien. Pavarotti sang Nemorino, Elvino, Edgardo und Alfredo.

Er war, wie Bonynge geschrieben hat, damals ein *tenore di grazia* mit überdurchschnittlichem Volumen und bedeutender Schallkraft. Das sei präzisiert mit einem kurzen Exkurs über die Fächer – als Anschluß an die Genealogie der Tenöre, wobei das verzierte Repertoire des 18. Jahrhunderts übergangen sei. Das Leichtgewicht unter den Tenören ist der *leggiero* oder *di grazia*, wie er von Rossini in seinen neapolitanischen Opern verlangt wird. Lindoro oder Almaviva müssen Koloraturen singen und dürfen sich vor dem Aufstieg in die höchsten Regionen nicht fürchten. In *Armida*, *Le Siège de Corinth*, *Semiramide* und vor allem in

Guillaume Tell werden Stimmen von größerem Gewicht gebraucht, ohne daß die *tessitura* tiefer wäre. Heutzutage würde das Publikum aber vermutlich irritiert sein, wenn die *acuti* – C, Cis und D – so wie einst von Nourrit oder Rubini erklängen, also mit der *voix mixte* oder *voce mista,* die nach dem Krieg am perfektesten wohl von Nicolai Gedda gesungen worden ist.[66] Was die Koloraturen angeht, so ist es mit dem oft zu erlebenden Herumwackeln oder dem Schliddern durch das Passagenwerk nicht getan, und auch das Aspirieren der Vokale – das Einschieben des *stimmlosen* Hauchlautes »H« – ist schwerlich tolerabel.[67] Die Koloratur darf nicht wie ein lästiger Appendix der musikalischen Phrase behandelt, sondern muß als vokale Geste entfaltet und in *Ausdruck* umgesetzt werden.

Ausdruck – ein vages Wort und ein fatales dazu. Dessen Bedeutung läßt sich nicht reduzieren auf die Lautwerdung eines heftigen Affekts, auf den *erregten* Tonfall schluchzender Hysteriker aus der veristischen Oper, die eine *aria d'urlo*[68] bölken. Ausdruck stellt sich, um es paradox zu formulieren, gerade nicht her, wenn ein Sänger sich in einer jeden Rolle eines jeden beliebigen Komponisten des immer gleichen Ausdrucks – in Form identischer Affektgesten – bedient, auch wenn sie noch so echt gemeint oder gefühlt sein mögen. Gutgemeint war stets das Gegenteil von Kunst, und das Gefühl gehört in die dumpfe Sphäre der Empfindungen. Ausdruck liegt vorab in einer »analytischen, nuancenreichen ... Phrasierung« (Rodolfo Celletti), mithin in einer genauen Ausformung jeder noch so kleinen, unscheinbaren vokalen *Formel.* Die Summe von beherrschten Formeln ergibt, im Sinne einer vokalen Grammatik, die Form, und erst wenn jene Grammatik beherrscht wird, kann ein Sänger, gleichsam auf zweiter Ebene, die Formeln mit den *Farben* des Ausdrucks oder der Emotion tränken.

Das Wesen der Koloratur bei Rossini oder der Verzierungen bei Bellini – insbesondere Vorhalte oder *gruppetti* – ist also nicht als Dekor zu begreifen, vielmehr gehören das Dekor oder, mit Carl Dahlhaus, »die Verbrämung« zum Wesen dieser Musik. Beraubt man sie jener Arabesken und Ornamente – deren Ausführung hierzulande immer noch als »Primadonnen-Eitelkeit«, »Sängerwillkür« oder »leere Virtuosität« mißverstanden wird[69] –, dann ist das so, als rahmte man, wenn ein Beispiel aus der bildenden Kunst erlaubt ist, ein Rokokogemälde in einen glatten Art-deco-Rahmen. Verzierungen lassen sich schlechterdings nicht ausführen, wenn die Stimme nicht *führbar* ist. Nun wäre es absurd, von einer voluminösen, schweren Stimme, wie sie etwa Lauritz Melchior oder Mario del Monaco besaßen, die gleiche *agilità* zu verlangen wie von einem leichten Tenor, etwa von Luigi Alva oder Francisco Araiza. Das entbindet jedoch die Sänger des schweren Fachs nicht der Arbeit etwa an der Laufgeschicklichkeit. Im Gegenteil, gerade »für schwerfälligere oder überhaupt schwerere, zum Überstützen neigende Stimmen ist Koloraturarbeit unbedingt förderlich« (Martienßen-Lohmann),[70] so, wie für einen Schwerathleten, etwa einen Gewichtheber, die Beweglichkeit und Schnellkraft unabdingbare Voraussetzungen sind, um den Rhythmus zu finden – wie es allein der Rhythmus ist, welcher der Koloratur Spannung verleiht.

Die Koloraturpartien Rossinis und die leichteren Rollen Bellinis sind, zumindest auf der Platte, durchweg mit ganz leichten Tenören besetzt und, was jenes »Dekor« angeht, etüdenhaft gesungen worden. Der gewiß tüchtige Luigi Alva hat Partien wie Almaviva in *Il Barbiere di Siviglia* oder Don Ramiro in *La Cenerentola* gesungen, wie ein versierter Klavierschüler eine Übung von Czerny spielt. Verantwortlich dafür ist schwerlich ein bloß sängerisches

Unvermögen, sondern die völlige Unterwerfung des Sängers unter die schon von Verdi beklagte »Diktatur des Taktstocks«, die das phantasievolle sängerische Spiel, das Improvisieren, das wir an den Aufnahmen eines Fernando de Lucia bewundern, im Namen der sogenannten Werktreue verbietet.

Zu bedauern, daß es heute keinen Fernando de Lucia mehr gebe, bedeutet die Verkennung der Tatsache, daß die wahren Herrscher des Opernbetriebs, die Dirigenten von Arturo Toscanini über Herbert von Karajan bis hin zu Georg Solti, Claudio Abbado und Riccardo Muti, seit acht Jahrzehnten diesen *Typus* von Sänger gleichsam expatriiert haben. Für die meisten von ihnen war die Musik von Rossini, Bellini und Donizetti ohnehin *quantité négligiable,* und wenn sich einer wie Claudio Abbado mit Rossini oder Riccardo Muti mit Donizetti *(Don Pasquale)* auseinandergesetzt hat, ging's vorab um den rhythmischen Drive der Aufführung, selten aber um vokale Nuancierungen. Es gibt keinen de Lucia mehr, weil es ihn nicht geben soll, nicht geben darf – und es gibt auch keinen robusten Tenor mehr, der, wie Hermann Jadlowker, die Koloraturen von »Fuor del mar« aus Mozarts *Idomeneo* oder von »Ecco ridente in cielo« aus Rossinis *Barbiere* mit vollen, makellos verrundeten Koloraturtönen zu singen vermöchte. Francisco Araiza, begabt nicht nur mit einer lyrischen und doch voluminösen Stimme, sondern auch mit Verve und rhythmischer Bewegungsintelligenz, ergibt sich der Unsitte, die nicht nur stilistisch anfechtbare Hahaha- oder Lachkoloratur zu singen. Heute würden dem *tenore leggiero,* sofern er über Laufgeschicklichkeit gebietet, etwa folgende Partien zugeteilt werden: Don Ottavio in Mozarts *Don Giovanni* und Belmonte in *Die Entführung aus dem Serail,* Almaviva in *Barbiere,* Don Ramiro in *La Cenerentola,* Lindoro in *L'Italiana in Algeri,* Don Narciso in *Il Turco in Italia,* Ernesto in *Don*

Pasquale, Nemorino in *L'Elisir d'amore,* Elvino in *La Sonnambula.* Hinzu kämen leichte, hohe Partien wie der Fischer in *Guillaume Tell* oder der Beppe in *Pagliacci.*

Etwas höheren tonlichen Gewichts und, dies ganz besonders, größerer Brillanz und Durchschlagskraft in der mittleren Lage sowie den Übergangstönen zur Vollhöhe bedarf der lyrische Tenor, vor allem der *lirico spinto.* Ihre Rollen: Pollione in *Norma,* Arturo in *I Puritani,* Edgardo in *Lucia di Lammermoor,* Alfred in *La Traviata* und Herzog in *Rigoletto,* Des Grieux in *Manon Lescaut,* Rodolfo in *La Bohème,* Cavaradossi in *Tosca,* Pinkerton in *Madama Butterfly,* Faust und Romeo in den Opern von Charles Gounod. Da aber jede Stimme ein Gesetz in sich selbst ist – vielleicht der einzige Lehrsatz, auf den sich alle Pädagogen einigen können –, gilt bei einer verantwortlichen Wahl der Rolle allergrößte Vorsicht. Partien wie Herzog oder Arturo verlangen eine mühelose Extensionsfähigkeit in der Höhe, die Puccini-Rollen eine robust-feste Mittellage, und wer diese durch das Hinauftreiben in die Höhe anstrengt, produziert alsbald, wie Giuseppe di Stefano schon früh in seiner Laufbahn, Töne, die so rauh wie Bimsstein klingen.

Dem dramatischen Tenor, dem italienischen *spinto,* gehören einige der frühen und alle späteren Verdi-Partien ab Manrico, Enzo in *La Gioconda,* Andrea Chenier, Canio, Turriddu, Calaf, Samson in der Oper von Camille Saint-Saëns, Eleazar in *La Juive* und viele Partien des *verismo,* im deutschen Fach natürlich die meisten Wagner-Partien. Die Praxis hat gezeigt, daß ein gut geschulter, erfahrener und vor allem technisch souveräner *lirico spinto* sein Repertoire ins heldische Fach erweitern kann – Jussi Björling sei vor allem genannt.

DAS SINGENDE EROTIKON

Der Sänger ist tatsächlich noch die Trommel, welche sich rührt, besser: die Harfe, welche sich spielt. Anders als an den seltenen, leicht bizarren, wenngleich bedeutenden Resten von vorher ist hier der Ton an Ort und Stelle, nämlich an einem singend handelnden Leib. Musik läßt sich hier, mitten in der Schwebung, an einem sichtbaren instrumentalen Ursprung nieder... Statt der archaischen Dingmagie wirkt hier eine Art eigene Materialmagie mindestens mit, wirkt das singende Erotikon oder der instrumentale Vitaldruck eines besonders ausströmenden Spielwerks seiner selbst, als lokalisiert.

Ernst Bloch:
»Zauberrassel und Menschenharfe«.
In: Zur Philosophie der Musik[1]

Konzert in Stockholm

Luciano Pavarotti mit Montserrat Caballé

Von links nach rechts: Nicolai Ghiaurow, Elizabeth Harwood, Luciano Pavarotti, Mirella Freni, Gianni Maffeo, Rolando Panerai

Autogrammkarte

Luciano Pavarotti und Mirella Freni, Partnerin vieler Aufführungen und Aufnahmen

Empfang zur Eröffnung seiner Bilderausstellung in Deutschland

In Donizettis komischer Oper »Der Liebestrank« an der Hamburgischen Staatsoper, 1977

Als Ulknudel in seinem Film »Yes, Giorgio«

Als Idomeneo in Mozarts Oper bei den Salzburger Festspielen

Bei der Probe zum Konzert vor dem Kölner Dom, 1990

Von der großen Tradition

> Nur schöne Klänge zu singen ist ein sinnloses Unterfangen, wie sehr diese Klänge auch die Ohren des lieben Publikums kitzeln mögen und ganz gleich, wie hoch der Preis, welcher dem Sänger bezahlt wird. Und es ist der Sänger allein, der das Publikum zu erziehen hat... Geduld, Hingabe, Aufrichtigkeit – sie müssen Richtschnur für den Sänger sein.
>
> *William James Henderson: The Art of Singing*[2]

DER Stammbaum der Tenöre und die Genealogie der Fächer zeigen die innige Verbindung von Komposition und Aufführung. Rossini, Bellini, Donizetti, Verdi, Puccini: sie alle haben für die Sänger ihrer Zeit geschrieben, und diese Sänger haben überwiegend nur die Musik ihrer Zeit gesungen. Ein Begriff wie Repertoire oder auch Meisterwerk setzt einen zeitlichen Abstand voraus – und die Beherrschung des Repertoires eine spezifische Haltung: eine dienende. Die Richtschnur des Dienenden ist die sogenannte Werktreue, die Verpflichtung auf den gedruckten Buchstaben der Partitur. Als einer der ersten Operninterpreten hat Arturo Toscanini diese Haltung kanonisiert und damit den Sängern die früher selbstverständlichen Abweichungen vom gedruckten Text, die dem *Geist des Werks* dienen, untersagt.

Der oftmals erhobene Vorwurf, damit habe er die Kunst und die Formenvielfalt des Singens nivelliert und partiell zerstört, ist an der um seine Autorität aufgebauten Aura abgeprallt. Während seine Manier, die Orchestermaschine um des Funktionierens willen zu perfektionieren,[3] hingenommen wird, gelten sängerische Virtuosität und Perfektion als Ausdruck von Eitelkeit. Orchester wie das Chicago Symphony Orchestra, die Berliner Philharmoniker und *fortissimo*-Fanatiker wie Sir Georg Solti oder Riccardo Muti werden bestaunt und bewundert, wenn sie »Orchesterschläge von zermalmender Wucht«[4] erzeugen; hingegen gilt ein Sänger, der – um im Jargon zu sprechen – ausladen kann, als Stimmprotz. Spielt ein Itzhak Perlman seine *staccati* oder *spiccati*, donnert ein Horowitz seine Oktaven, so entzücken sich die saiten- und klavierverliebten Rezensenten ob der transzendentalen Virtuosität, die hingegen, wenn von Joan Sutherland vorgeführt, als sinnlose Demonstration abgewertet wird.[5]

Nicht allein wegen solcher ästhetischen Vorurteile haben Sänger es schwer in unserer Zeit, einer Zeit, die eine des *post-histoire* der Oper ist und in der gleichwohl das Repertoire aus mehr als dreieinhalb Jahrhunderten gespielt wird. Zwar besteht das Angebot der internationalen Bühnen aus kaum mehr als 120 bis 150 Werken, die jährlich aufgeführt werden, und das Repertoire steht auf einigen wenigen Säulen mit den Namen Mozart, Wagner, Verdi, Puccini und Strauss, doch führen Musiker unserer Zeit längst eine zweite, eine technische Existenz: als Interpreten für die Schallplatte. Die aber bedarf, da das herkömmliche Repertoire durch Dutzende, ja Hunderte von Repliken und Reprisen erschöpft ist, neuer Werke, die überwiegend im Arsenal gefunden werden. Sie bedarf deswegen auch der spezialisierten Interpreten, welche die Ausgrabung rechtfertigen.

Allein dadurch konnte es zu einer Rückbesinnung auf den sogenannten *bel canto* kommen, auf eine Kunst, die schon in Agonie lag, als sie mit ebendiesem Begriff benannt wurde: gegen Ende des 19. Jahrhunderts.

Es sei hier auf einen weiteren historischen Exkurs verzichtet und statt dessen diese sängerische Kunst, die in den

Jahrzehnten zwischen 1910 und 1950 vergröbert und korrumpiert worden war, beschrieben. Für den Belcantisten sind vier grundsätzliche *technische* Fähigkeiten erforderlich, um bestimmte stilistische Anforderungen der Vokalmusik der letzten drei Jahrhunderte zu erfüllen. Es sind dies ein sauberer, fein gebildeter und stetiger Ton, lückenloses *legato*, mühelose dynamische Flexibilität und Agilität für die Ausführung verzierter Musik.[6] Diese technischen Fähigkeiten sind, noch einmal, kein Selbstzweck, sondern Mittel des Ausdrucks – des musikalischen Ausdrucks, nicht eines naturalistischen oder realistischen aus der Triviaĺästhetik beispielsweise des Films: nicht Natur-, sondern Kunstlaut.

Der fein gebildete, klangvolle Ton wird – und damit kommen wir zur stilistischen Anwendung der Technik – gehalten, durch die Kunst der *messa di voce* crescendiert und diminuiert und findet seinen Sinn in sich selber, ist der Klang, der die Seele entzückt oder rührt. Die *legato*-Linie wird im *bel canto* nicht allein mit rhythmischer Bindung gebildet, die viel effektvoller ist als ein rasch-metrischer Puls, sondern sie bekommt ihre Spannung durch eine gleichsam schwingende Bewegung, durch das *portamento*, das wiederum nichts mit dem unsicheren Angleiten des Tons wegen einer unsicheren Attacke zu tun hat. Die musikalische Phrase wird sinnlich-geistig belebt durch dynamische Nuancen. Sie sind es, die eine Phrase gleichsam »dreidimensional«[7] machen und damit ausdrucksvoller, als wenn sie nur durch Rhythmus und Tonhöhe bestimmt wäre. Verzierungen endlich, flüssig ausgeführt und eingebunden in die Gesamtspannung der Phrase, geben der musikalischen Phrase wie dem Sinn des Textes den letzten Schliff. Nur wenn die Stimme das Instrument des Sängers ist, nur wenn sie nach seinem Willen und ohne spürbare Mühe in jede Lage ausgreifen kann, dies in jedem Tempo und mit jedem beliebigen Stärkegrad, wird das Singen zur Kunst.

Treiben wir die Definitionen einen Schritt weiter. Was ist ein sauberer, ein stetiger Ton? Er liegt ruhig und sicher auf dem Atem, wird ohne hörbares »Klicken« (Glottis) der Stimmbänder entbunden, ohne Entweichen von unkontrollierter Luft (Hauchigkeit) gebildet, ohne Nachstoßen von Restluft beendet, wird in jeder Lage sauber »angeschlagen« oder, mit expressiven Zielen, »attackiert« und nie beeinträchtigt durch das, was entweder *tremolo* oder *wobble* genannt wird. Intensiviert wird er durch ein auch für die Geige selbstverständliches Ausdrucksmittel, das rasche, kontrollierte, in der Amplitude exakt bemessene *vibrato*. Diese Beherrschung des Tons ist die unabdingbare Voraussetzung für das *legato*, die lückenlose Übernahme des Tons von Silbe zu Silbe oder von Wort zu Wort ohne Drücker, ohne Gequetsche, ohne Luftpausen für die Lagen- oder Gangwechsel zwischen den sogenannten Registern, ohne Hemmnisse überdies bei schwieriger zu artikulierenden Konsonanten oder zu bildenden Vokalen. Als Kardinalfehler gilt die Behauchung eines anlautenden Vokals durch den stimm*losen* Konsonanten H, einen Hauchlaut, der gleichsam ein Loch in die Linie reißen würde. Getragen wird der Ton durch das *portamento*, im ursprünglichen Sinne das Tragen der Stimme auf dem Atem.

Ohne das dritte technische Element, die dynamische Flexibilität, ist die Gesangsmusik des 18. und vor allem die des 19. Jahrhunderts weder technisch noch im expressiven Sinne ausführbar. Während bei Mozart die dynamische Skala noch vergleichsweise eng bemessen wird, setzen etwa Verdi und Wagner und vollends die Veristen auf kräftige, oft heftigste dynamische Kontraste. Die Tendenz zu einer *expression outrée* hatte sich schon im Werk des späteren Rossini

– etwa in *Armida* – gezeigt und im romantischen *melodramma* weiter ausgeprägt. Seit langer, langer Zeit haben sich die Opernhörer daran gewöhnt, daß die sogenannten Verdi- und Puccini-Sänger (Martinelli, Pertile, Merli, del Monaco, Tucker, Corelli, Domingo, um nur die Tenöre zu nennen) *piano*-Vorschriften vor allem in hoher *tessitura,* doch nicht allein hier, ignorieren – was von den der Werktreue verpflichteten Dirigenten, ob sie nun Toscanini, Karajan, Solti, Muti oder Abbado heißen, hingenommen wird, sei es, daß man laut singen muß, um gegen die zu lauten Orchester anzukommen, oder daß sie einfach akzeptieren, daß die Sänger nicht mehr leise singen können. Wobei leise, und das bezieht sich wieder auf den Ton selber, nicht ein reduziertes und matt gehauchtes *mezzo forte* ist, sondern ein aktiver, lebendiger, pulsierender, klingender, tragender Ton, wie man ihn von Joan Sutherland, Marilyn Horne oder Nicolai Gedda hören kann. Geht man zurück zu den Aufnahmen des ganz jungen Caruso (vor 1906) oder von Mattia Battistini und Fernando de Lucia, kann man den *musikalischen* und *expressiven* Sinn fein dynamisierten Singens erleben. Heute ist es zu einer Domäne einiger Liedersänger – voran von Dietrich Fischer-Dieskau, von Janet Baker, von Peter Pears – geworden.

Bleibt die vierte essentielle sängerische Fertigkeit, die Führbarkeit der Stimme, die *agilità.* Sie war lange Jahre nicht nur vergessen, sondern geradezu unter Verdikt gestellt worden. Mit dem verzierten Repertoire, das für lange Zeit von den Bühnen verschwand, ging auch, vor allem bei den männlichen Sängern, die einschlägige Technik verloren. Viele Sänger des Almaviva in Rossinis *Il Barbiere di Siviglia,* die man in den Nachkriegsaufnahmen zu hören bekommt, fangen sich in der *fioritura* wie die Fliege im Netz der Spinne. Will Crutchfield schreibt in einem Artikel über Fernando de Lucia und Mattia Battistini, die »Twin

Glories« der italienischen Oper zur Jahrhundertwende, daß sich Luigi Alva in der Aufnahme unter Callas ohne saubere Bildung der einzelnen Töne durch die Koloraturketten mauschelt und mogelt, während er unter dem Präzisionsfanatiker Abbado »Hunderte H's einschieben mußte, um durchzukommen«.[8] Mit ähnlich unsauberen Tricks arbeitet auch Francisco Araiza; jedoch ist festzuhalten, daß die vielen Rossini-Aufführungen der letzten zehn, fünfzehn Jahre die Lage gebessert haben – einen so agilen Baß wie Samuel Ramey hat es seit Jahrzehnten nicht mehr gegeben. Und doch bleibt ein unerfüllter Rest. Es geht, wie schon erwähnt, wieder um die Qualität des sängerischen Tons, um die musikalisch-expressive Belebung der vokalen Gestik.

Mit dieser technischen Erläuterung ist, zunächst indirekt, der sängerische Kurs Pavarottis in den Blick genommen, wenn auch nicht konkret beschrieben worden. Er, der *tenore di grazia* mit den größeren Mitteln an Volumen und Durchschlagskraft, hatte, und damit entsprach er den Anforderungen der Theater*praxis* zu Beginn der sechziger Jahre, mit den lyrischen oder den *spinto*-Rollen Puccinis und Verdis begonnen. Das romantische Repertoire, in dem die Callas brillierte, stand durchaus noch nicht im Mittelpunkt des Interesses; im Gegenteil, die vielen Revivals, an denen Montserrat Caballé, Beverly Sills, Renata Scotto und Joan Sutherland beteiligt waren, galten lange Zeit als Selbstinszenierungen »eitler« Diven, und der Rekurs auf die Formensprache des *bel canto* traf gar, vor allem hierzulande, auf ausgesprochen unsachliche, historisch falsche Kritik[9] oder gar bittere Polemik. Dabei hat Maria Callas, wie Rodolfo Celletti schreibt, zunächst nur für eine zwar unwiderstehliche, indes *allgemeine* Rückbesinnung auf den dramatischen Koloraturgesang gesorgt; erst durch die Sutherland und die Horne seien, so Celletti, »das echte Virtuosentum, die Eleganz der Ausführung und der Respekt vor den verbindlichen Regeln des vor-Verdischen Repertoires wie die Improvisation halber und ganzer Kadenzen und die Variation von Dacapo-Teilen«[10] wieder ins Bewußtsein gebracht worden.

Die »Sutherland Connection« sollte für Pavarotti, wie angedeutet, von großer Bedeutung sein. Sie kam zustande durch Joan Ingpen, die Mitte der sechziger Jahre für den Dirigenten Sir Georg Solti das Besetzungsbüro der Royal Opera Covent Garden leitete. Sie hatte den jungen Tenor Ende 1963 als *stand-by* für den damals als unzuverlässig gefürchteten Giuseppe di Stefano engagiert, und Pavarotti bekam als Einspringer die allbekannte Katapultchance. Ein dreiviertel Jahr später, im Juli 1964, sang er in Glyndebourne die ursprünglich für einen Kastraten geschriebene Partie des Idamante – in zwölf (!) Aufführungen. Lernwillig, wie nur junge Sänger es sind, folgte er dem Rat des langjährigen Repetitors des Festivals, Jani Strasser – er bemühte sich um eine feiner abgestufte Dynamisierung und lernte das *piano*-Singen.[11]

Durch Joan Ingpen aufmerksam gemacht, hatte Richard Bonynge den Tenor schon bei seinem Probesingen in London gehört. Nach vier Aufführungen von *Lucia di Lammermoor* in den USA im Februar 1965 kam es drei Monate später am Covent Garden zur ersten systematischen Zusammenarbeit der beiden Sänger in Bellinis *La Sonnambula,* und während der drei Monate in Australien mit 39 Aufführungen wenn schon nicht zu einer Umschulung, so doch zu einem *learning by doing.* Staunend beobachtete der Tenor, daß die längst als *la stupenda* gerühmte *diva* nicht nur technisch weitaus versierter war als er, sondern auch ohne die geringsten Anzeichen von Ermüdung nachmittags bei einer Generalprobe die Amina und abends die Violetta sang. »Ich sah, daß die Dame beide Partien mit voller Stimme sang und am Ende keineswegs erschöpft war.«[12] Er selbst, so berichtet er weiter, konnte sich auf seine Stimme durchaus nicht immer verlassen und hatte sich bis dahin mit der Erklärung seiner Lehrer, die Unsicherheiten auf Ermüdung zurückführten, begnügt. »Von Joan lernte ich«, sagt er, »daß ich das Diaphragma nicht kontrollierte.«[13] Mit jenem spielerisch-maliziösen Lächeln, das er als Farbe in seine Anekdoten mischt, erzählt Pavarotti, daß er während der Proben zu Bonynge sagte: »Pardon, ich muß Ihrer Gattin einmal die Hand auf den Magen legen.« Und dann tastete er sie während des Singens ab und spürte die Muskeln des Bauches, die beim Einatmen das Zwerchfell heben.[14] Er lernte das Singen auf dem Atem, die Voraussetzung für große Teile seines späteren Repertoires.

Dieses läßt sich nicht ohne weiteres, wie es hierzulande fast immer geschieht, unter den Begriff *bel canto* subsumieren. Den virtuosen Anforderungen des *canto fiorito* hat sich Pavarotti nie gestellt, nie also Opern von Händel bis Rossini gesungen. Dafür mag bei ihm, dem Star *in excelsis,* die Nachfrage verantwortlich gewesen sein: An der Met hätte er als Rossinis Conte Almaviva selbst mit der glänzendsten Virtuosenleistung nie und nimmer soviel Erfolg gehabt wie mit der Salve der hohen C's, die er in »Ah, mes amis« aus Donizettis *La Fille du Régiment* abfeuerte, und als Aufhänger für die erste ihm gewidmete große Magazingeschichte in Newsweek diente die Aufführung von Bellinis *I Puritani* sowie der Rekurs auf die stratosphärischen hohen Töne des heiligen Giovanni Battista (Rubini).

Es steht dahin, ob Pavarotti sich im floralen Stil behauptet hätte; er hat ihn zuwenig praktiziert. Wird er mit dessen Elementen konfrontiert wie als Nemorino in der Koloraturkadenz von »Una furtiva lagrima« oder als Elvino bei den feinen Verzierungen von »Prendi, l'anel ti dono«, zeigt sich, daß er die Laufpassage trotz schlankerer Tongebung weniger flüssig singt als Caruso und die Ornamente zwar sauber bildet, aber mit einer gleichsam passiven Tongebung, mit einem nicht klangvollen *piano*. Auch wird man von ihm in Händels »Care selve« keinen so makellosen Oktavsprung auf das A's^{1} bewundern können wie in John McCormacks Modellinterpretation. Zurückzuführen ist dies auf seine Neigung zum Überstauen der Stimme, so daß der Ton nicht immer, um des Bildes willen, auf dem Atem segeln kann.[15] Wichtiger als der weich flutende Ton im *pianissimo,* wie man ihn von Gigli kennt, wichtiger auch als die Kunst der *messa di voce,* die sich mehr noch als bei einem Tito Schipa bei Mattia Battistini studieren läßt, war Pavarotti die helle Brillanz der *acuti*. Oder sollte es so stehen, daß sie vielleicht nicht ihm, aber für ihn wichtiger waren, eben weil jenes Tausendtier, das sich aus Dirigenten, Impresarios, Kollegen und Fans herausgemendelt hat, nur noch gesättigt werden kann durch die dicken, fetten Brocken lauter Spitzentöne?

Des Problems ist sich der Sänger durchaus bewußt. Martin Mayer zitiert ihn mit dem Satz, daß man als Tenor gute Gründe habe, Ahnen wie Gilbert-Louis Duprez oder Enrico Tamberlick zum Teufel zu wünschen, weil sie den unseligen Kult um die aus vollen Backen herausgerauschten hohen Töne verursacht haben; und er mag aus bitterer Erfahrung sprechen, wenn er sagt, daß die Virtuosität des *canto fiorito* bei den Dirigenten verpönt und die Kunst des *piano*-Gesangs vom Publikum nicht gefragt ist.[16]

Spricht er aus bitterer Erfahrung oder Selbsterkenntnis, die fast immer in Erklärungen und Selbstrechtfertigungen verborgen liegt? Auch wenn er stilistisch sauberer und differenzierter gesungen hat als einige seiner Kollegen in den fünfziger Jahren, auch wenn er so klug war, lange Zeit die schweren Partien zu meiden, mit denen sich Giuseppe di Stefano förmlich ausgesungen hat, kann kein Zweifel daran bestehen, daß Pavarottis Ehrgeiz dahin ging, die mythische Tenorrolle auszufüllen: Er wollte wohl nichts anderes werden als *The King of High C's*.

Das wird in seinen Aufnahmen manifest – durch die er präsenter ist als durch seine Auftritte. Anders als die Sänger früherer Zeiten arbeitet er ja nicht mehr in einer Kunstwelt, die eine Welt in sich selbst ist, sondern als Gaststar, der mit seinen Gastspielen gleichsam messianisch auftritt. Er ist nicht länger ein Sänger in einem nach strikten Regeln funktionierenden Kunstleben, sondern die Kultfigur eines anonymen Amüsierbetriebs; und es gibt niemanden, der in der Lage wäre, seine künstlerischen Entwicklungen, seine Fort- und Rückschritte, seine Individualität zu beschreiben, wie das bei Caruso oder auch bei Maria Callas noch möglich war. Er führt eine zweite Existenz – und dieser wenden wir uns zu.

Pavarotti auf der Platte

Mit einem Strauß belcantistischer Glanznummern stellt sich Luciano Pavarotti dem deutschen Schallplattenpublikum vor, und er hat damit eine belebte Palette italienischer und seiner Sangeskunst zusammengestellt, die auf Anhieb den Tenor neapolitanischer Prägung ausweist, dem Kantilenen, Koloraturen und Spitzentöne mühelos gelingen, weil ihm diese Art zu tönen womöglich angeboren ist. Und was ihm von der Natur geschenkt wurde, hat er durch eine großartige Technik in die akkurate Façon gebracht.

Bernd W. Wessling, Kommentar zu einem Pavarotti-Recital von 1968[17]

Keine Frage – dies ist Pavarottis *Aida.* Es ist ganz gewiß die keines anderen. Die Aufnahme wurde 1985 in Mailand gemacht... Als stets konstanter Künstler singt er mit der für ihn typischen Schönheit des Tons und Form der Phrasierung. »Celeste Aida« wird sehr effektvoll mit einem flüssigen Tempo genommen, obwohl es eine Schande ist, daß die Ingenieure sich bemüßigt fühlten, seinem natürlichen *diminuendo* auf dem B nachzuhelfen, daß es bis in die Dachsparren entschwebt.

Kritik in: Opera[18]

Die Schallplatte als Vehikel dummdreister Reklame, auf die der Künstler, obwohl sie ihn betrifft, keinen Einfluß hat, und als Instrument der amplifizierenden Manipulation der Stimme – das können zwei Pole dieses Mediums sein. Der erste der oben zitierten Texte hätte, weil er nur zu leicht gegen den jungen Sänger zurückzuwenden war, nie gedruckt werden dürfen, und das technisch auf geradezu ärgerliche Weise manipulierte hohe B nie die Studiotür passieren dürfen – nicht die einzige Ungereimtheit, die sich an den vielen, den unendlich vielen Platten des Sängers entdecken läßt.

Es ist ja nur bedingt zutreffend, daß ein Sänger auf der Platte, wie so oft behauptet wird, Rollen jenseits seiner stimmlichen Mittel singen kann. Im Studio kann er Schwierigkeiten, die er im Verlauf eines einzigen Abends nicht bewältigen könnte, auf mehrere Aufnahmetage verteilen. Aber auch im Studio wird aus einem *tenorino* kein Herzog, aus einem lyrischen Tenor kein Manrico, Chenier oder Canio. Wohl aber gibt es, wie Lauri-Volpi, Jussi Björling und auch Pavarotti gezeigt haben, für den *lirico spinto* durchaus Möglichkeiten, sein angestammtes Fach zu erweitern, ohne die Grenzen der stimmlichen Mittel zu überschreiten. Und warum sollte die Schallplatte, wenn man sie denn als künstlerisches Medium ernst nimmt, dem Interpreten nicht die Chance bieten, sich umfassend darzustellen.

Es versteht sich, daß er vom Publikum wie von der Kritik an den Erwartungen gemessen wird, die er mittels des Mediums erweckt. Auch und gerade im Umgang mit den technisch-ästhetischen Möglichkeiten der Schallplatte kann sich, wie Maria Callas und Walter Legge bewiesen haben, der Rang eines Künstlers zeigen. Damit ist nicht unbedingt nur die Wahl des Repertoires gemeint. Den *sängerischen* Rang eines Caruso, eines Richard Tauber, einer Elisabeth Schwarzkopf setzt es nicht herab, daß sie neapolitanische Lieder, Schlager, Operettenarien oder scheinheilige Gesänge aufgenommen haben; im Gegenteil, gerade hier lassen sich jener Kunstverstand und jenes sängerische Raffinement studieren, worauf ein Satz Alfred Polgars anzuwenden wäre: »Das ist schon eine Kunst, wenn es auch keine Kunst ist.«

Es gibt hinreißende Aufnahmen gerade des jüngeren Pavarotti, und darunter ist eine, die er im zweiten Jahr seiner Plattenkarriere gemacht hat. Es handelt sich um die von Gaetano Donizettis *La Fille du Régiment* neben Joan Sutherland unter der Leitung von Richard Bonynge. John Steane schreibt darüber in seinem Buch *The Grand Tradition:* »Seine Interpretation des Tonio, eine der besten aller Tenor-Aufführungen überhaupt auf der Platte, vereint die Finessen und Qualitäten eines reifen Sängers mit der blühenden Stimme eines jungen Mannes in der Form seines Lebens. Das Solo ›Ah, mes amis, quel jour de fête‹ ist eine Tour de force. Vor sechzig Jahren aufgenommen, wäre diese Aufnahme ein klassisches Sammlerstück geworden. Nur bei Leon Escalais findet sich eine vergleichbare Brillanz der hohen Noten und ein solches Maß an sängerischer Phantasie. Unermüdlich die Sprünge auf das hohe C, nie als bloße Effekte dargeboten, sondern als Ausdruck der Freude an dem Fest, das da besungen wird.«[19]

Die Plattenaufnahme entstand kurz nach der Londoner Aufführung des Werks, dem Pavarotti schließlich seinen entscheidenden Erfolg in den USA verdankte. Darüber hinaus ist er mit der Partie als Mitglied des Met-Ensembles auf Tournee durch die USA gegangen – und es spricht für sich, daß 1986 auch der spanische Tenor Alfredo Kraus die Rolle sang. Die Aufführung wurde mitgeschnitten und zeigt, daß die Zeit eine Stimme nicht unbedingt nach unten transponieren muß: Kraus war zum Zeitpunkt der Aufnahme fünfzig Jahre alt.

Der König der hohen C's

Was kümmern mich die hohen C's, wenn die
Töne das Gewicht von Erbsen haben.
Conrad L. Osborne

BELASSEN wir es zunächst bei der Hymne auf die Stimme durch Steane, und ziehen wir für eine erste Beschreibung der Stimme zwei frühe Recitals von 1968 und 1969/70 hinzu, die nach den technischen Maximen des vorigen Abschnitts analysiert seien. Die Anmerkungen mögen, wegen der Hervorhebung von Fehlern und Schwächen, übermäßig kritisch wirken. So sind sie durchaus nicht gemeint.

Diese Recitals wurden damals, und dies sicher zu Recht, als ungewöhnliche Talentproben angesehen – und um so interessanter sind sie im Rückblick, zumal Pavarotti manches nicht wieder überboten hat. Beeindruckt war man damals vor allem vom Klang dieser rein tenoralen Stimme und ihrer strahlenden Höhe mit jenem Metall, das die Italiener *squillo* nennen, auch von der Qualität des Timbres und der Makellosigkeit der Diktion. Bis auf den heutigen Tag singt Pavarotti, mit gelegentlicher Neigung zum Aufhellen, mit echten Vokalfarben und sorgsam geformten Konsonanten, zudem mit einem guten Rhythmusgefühl.

Beteiligt an diesen beiden Recitals waren, seltsam genug, das offenbar nur für die Aufnahme zusammengestellte Wiener Opernorchester und das New Philharmonia Orchestra unter den Dirigenten Leone Magiera, Nicola Rescigno und Ewald Downes. Auf der ersten Platte – es ist die von Wessling dümmlich beworbene – singt Pavarotti Arien von Donizetti und Verdi. In keiner der Arien werden größere

Ansprüche an die sängerische *agilità* gestellt, noch hat der Sänger irgendeine Koloratur oder eine kompliziertere *fioritura* zu singen. Es sind Zweifel angebracht, ob er mit der hier praktizierten Tonproduktion eine flüssige Verzierung überhaupt hätte singen können. Was die Tonbildung angeht, setzt er in diesem Recital auf einen unter hohem Druck produzierten, eng fokussierten und metallisch verdichteten Ton, der nicht auf dem Atem liegt und dynamische Nuancen ebensowenig zuläßt wie wie farbliche Nuancierungen, um die er beispielsweise im Rezitativ der Fernando-Arie aus *La Favorita* erkennbar bemüht ist. Durch das heftige Stauen rutschen, vor allem an Phrasenenden, *piano*-Töne gleichsam in den Körper zurück. Anders gesagt: Das *piano* ist passiv und matt, hat weder Schimmer noch Lüster. Die Tonbildung leidet zudem durch die Tendenz zu explosiven Anlautungen und Akzentuierungen, an den Phrasenenden durch das schockartige Nachstoßen von Atemluft, zuweilen auch durch eine grelle Aufhellung der Vokale; *portamenti* von der gespannten Bewegtheit einer Skulptur finden sich relativ selten. Besonders deutlich zu spüren ist das in Fernandos »Spirto Gentil«. Wo Caruso zwei Phrasen auf einem Atembogen singt und den Ton, einen fein modulierten und dynamisch variierten Ton, auf einem Atemstrom segeln läßt, preßt Pavarotti die Phrase heraus wie Zahnpasta aus einer Tube. Das hohe C in der zweiten Strophe nimmt er nicht, wie Caruso, aus der Luft, sondern gleitet es mittels eines *scooping* an – ein Verfahren, das mit dem *portamento* des Atems rein gar nichts zu tun hat.

Fehlt es in den Donizetti-Aufnahmen an der Eleganz des romantischen Tenors, so bei den Ausschnitten aus den Verdi-Opern an Feinheiten der Phrasierung – und auch das hat mit der verspannten Tongebung zu tun, die bei ein, zwei kurzen *a-cappella*-Phrasen im Rezitativ des Rodolfo zu der

Arie aus *Luisa Miller* zu bösen Intonationsfehlern führt. Zwar schenkt sich Pavarotti die vernutzten *espressivo*-Mätzchen einiger Tenöre aus den dreißiger und fünfziger Jahren, doch finden sich in seinem *cantabile* so gut wie keine dynamischen Nuancierungen, außer in der mittleren Lage der Stimme, in der ersten Oktave, wie in der nuanciert gesungenen Arie des Riccardo aus *Un Ballo in Maschera.* Insgesamt aber bleibt sein *cantabile* zweidimensional, definiert lediglich durch die Tonhöhe und den relativ starren rhythmischen Ablauf. Es ist schwer zu sagen, ob das unter einem flexibleren Dirigenten anders oder besser gelungen wäre, ganz gewiß aber, wenn ein Tullio Serafin am Pult gestanden und ein Walter Legge im Kontrollraum gesessen hätte. Unterentwickelt auch noch die sing-darstellerische Phantasie, die allein die Bildung von suggestiven Klanggesten ermöglicht. »O figli, o figli miei« zu Beginn der Macduff-Arie aus Verdis Shakespeare-Oper ist keine rhetorische Exklamation, sondern ein Schrei, ein Schmerzenslaut. Pavarotti bleibt diesem Ausdrucksmoment fast alles schuldig, obwohl er die darauf folgende *cantilena* überraschend ausdrucksvoll schattiert.

Daß er insgesamt ausdrucksvoller zu phrasieren vermag, zeigt das zweite Recital, vor allem wenn Nicola Rescigno am Pult steht. Sowohl das Rezitativ »Non mi lasciare« zu »O muto asil« aus *Guglielmo Tell* als auch die Arie »Ah, sì, ben mio« aus *Il Trovatore* und vor allem »Cielo è mar« singt er mit jugendlicher Emphase, expansiver Phrasierung, ungewohnt feinen dynamischen Nuancen, wenn auch ohne ein wirklich leuchtendes *piano dolce,* und mit schlanker Tongebung. In »Ah, sì, ben mio« führt er sogar den Triller aus, allerdings nicht mit ganz beherrschter Ausschwingung und ohne das nobel-elegische Pathos dieses Gesangs einzufangen – da ist ihm ein Björling turmhoch überlegen. Die meisten werden dieses Programm indes weniger ob vokaler Finessen hören (oder gehört haben) als wegen der Demonstration der Spitzentöne. Am Ende der *stretta* »Corriam« aus Rossinis Schiller-Oper hält Pavarotti sein hohes C volle zwölf Sekunden, am Ende von »Di quella pira« aus Verdis *Il Trovatore* sogar dreizehn Sekunden. In »A te, o cara« aus Bellinis *I Puritani* erklimmt er gar das Cis (Des). Doch klingen solche *acuti*, gebildet mit extremer Anspannung und mit nicht nur verdichtetem, sondern engem, farblosem Klang, synthetisch, und man hat den Eindruck, Pavarotti sei damals mit Partien wie Arnoldo und Manrico hoffnungslos überfordert gewesen. So hat er beispielsweise mit dem Quintsprung von »asil« auf »pianto« viel mehr Mühe als einst der alte, herzkranke Francesco Tamagno, und auch beim Vergleich mit dem souveränen, machtvollen Giovanni Martinelli schneidet der jüngere Sänger nicht allzugut ab. Der Musik des Arturo, durchaus der Reichweite des Tenors entsprechend, wäre er mit behutsamerer Klangausladung besser beigekommen; durch die permanente Anspannung und die Bemühung um metallische Brillanz verliert die Romanze, einst von Giacomo Lauri-Volpi (Aufnahme von 1928) mit noblem Pathos und schillernder Tongebung gesungen, allen Zauber. Völlig mißlungen das Ständchen »Come è gentil«, bei dem Pavarotti offenbar eine Schwerhörige aus dem Tiefschlaf wekken wollte. Gewandter zeigt er sich in Rodolfos »Che gelida manina«, wenn auch bei weitem nicht so lebendig und phantasievoll wie unter Herbert von Karajan in der späteren Gesamtaufnahme, und das *lamento* des Federico aus Francesco Cilèas *L'Arlesiana* gehört zu den besten Aufnahmen auf der Schallplatte.

Ein Glanzstück in der Diskographie des jungen Sängers ist fraglos die Aufnahme von Donizettis Spieloper *La Fille du Régiment,* worin Pavarotti einen Connaisseur wie John Steane entzückte und zu einem womöglich doch überzogenen Vergleich hinriß. Gewiß nimmt der damals 32jährige seine C's zugleich mühelos und mit Verve, aber bei weitem doch nicht mit der Brillanz und Energie, mit der einst Leon Escalais gesungen hat. Doch sein Singen in dieser Aufnahme zeichnet sich aus durch eine später selten anzutreffende Gelöstheit und durch Charme, obwohl er der französischen Sprache spürbar nicht mächtig ist. Es zeigt sich aber, daß ein Künstler mit einem guten Phrasierungsinstinkt auch in einer fremden Sprache, die er rein phonetisch hat lernen müssen, ausdrucksvoll singen kann.

Im gleichen Jahr nahm er in Wien unter Georg Solti Verdis *Messa da Requiem* auf. Die Aufnahme bestätigt seine Worte, daß er für Karajan und die Aufführung *in memoriam* Arturo Toscanini das »Hostias« und das »Ingemisco« Hunderte von Malen geübt hatte. Pavarotti ist der einzige idiomatisch wirkende Solist in einem wenig homogenen Quartett: Joan Sutherland erweist sich als eine fein singende, krasse Fehlbesetzung, Marilyn Horne wirkt unbeteiligt, Martti Talvela uninspiriert. Pavarotti hat einige große *vokale* Momente – etwa die feine Abschattierung von »qui Mariam« im »Ingemisco« und die schwebende Tongebung im »Hostias« –, doch ist Alan Blyth zuzustimmen, daß hier »heart-on-sleeve«[20] gesungen wird, eher effektvoll als inwendig-verhalten.

Ein erstes Resümee über die Stimme: Es handelte sich in den frühen Jahren um einen schlanken, hellen lyrischen Tenor ohne die dunklen Rotweintönungen der kurz zuvor noch favorisierten baritonalen Sänger, mit einer leichten Extension in die Höhe, einer begrenzten Farbenpalette und einer kaum entwickelten *agilità.* Er selbst hat in einem Gespräch mit Helena Matheopoulos den *bel canto* als die beste Kontrolle, selbst als Medizin für die Stimme beschrieben, aber wenn er »a smooth, even flow of liquid, well-focused sound« als Ideal beschreibt, hat er wohl die Technik, nicht unbedingt seine Stimme selber beschrieben. Es ist ein Kuriosum des Buches der gebürtigen Griechin, daß sie sich von vielen Sängern technische Regeln beschreiben und als Ideal verklären läßt, obwohl diese Sänger diesen Idealen mitnichten auch nur zu entsprechen versuchen.[21]

Pavarotti hat erst fünf Jahre nach dem Debüt seine ersten Platten aufgenommen. Das ist erstaunlich. Ende der fünfziger Jahre war sowohl mit Mario del Monaco als auch mit Giuseppe di Stefano nicht mehr allzuviel Staat zu machen. Jussi Björling war 1960 gestorben. Im italienischen Fach domininierten der prachtvolle Verdi-Stilist Carlo Bergonzi, Franco Corelli und Richard Tucker. 1966 sang Pavarotti neben Joan Sutherland die Partie des Orombello in Bellinis *Beatrice di Tenda*. In den folgenden sechs Jahren kamen hinzu: Tonio in *La Fille du Régiment* (1967), Verdis *Messa da Requiem* unter Georg Solti, Fritz Kobus in Mascagnis *L'Amico Fritz* (1968) unter Gianandrea Gavazzeni, Richard Strauss' *Der Rosenkavalier* (1969) unter Georg Solti, Verdis *Un Ballo in Maschera* (1970) unter Bruno Bartoletti, Gaetano Donizettis *L'Elisir d'amore* (1970) und *Lucia di Lammermoor* (1971) unter Richard Bonynge, Verdis *Macbeth* (1971) unter Lamberto Gardelli, Giacomo Puccinis *La Bohème* (1972) unter Herbert von Karajan und *Turandot* (1972) unter Zubin Mehta und schließlich der Herzog in Verdis *Rigoletto* (1972) unter Richard Bonynge – immerhin ein Dutzend Aufnahmen in eben sechs Jahren und auch hier der Aufstieg in die Ränge des Stars.

Bis Ende der siebziger Jahre blieb Pavarotti, von Ausnahmen abgesehen, in seinem Fach. 1973 sang er den Arturo in *I Puritani*, 1974 den Fernando in Donizettis *La Favorita*, 1974/75 den Leicester in Gaetano Donizettis *Maria Stuarda* unter Richard Bonynge, doch stehen neben diesen Rollen aus dem romantischen Repertoire der Pinkerton in Puccinis *Madama Butterfly* (1974) unter Herbert von Karajan, Rodolfo in Verdis *Luisa Miller* (1975) unter Peter Maag, Manrico in Verdis *Il Trovatore* (1976) unter Richard Bonynge und dazu das *verismo*-Paar: Pietro Mascagnis *Cavalleria Rusticana* unter Gianandrea Gavazzeni und Ruggiero Leoncavallos *Pagliacci* unter Giuseppe Patané.

Im Jahr 1978 endlich hat sich der Tenor an eine hybride Rolle wie Arnold in Rossinis *Guglielmo Tell* gewagt und fortan neben seinen angestammten lyrischen Partien wie Alfredo in *La Traviata* (1979) oder Elvino in *La Sonnambula* (1980), beide unter Bonynge, auch eine Reihe schwererer Partien übernommen: den Cavaradossi in *Tosca* (1978), Faust in Arrigo Boitos *Mefistofele* (1980) unter Oliviero de Fabritiis, Enzo in Amilcare Ponchiellis *La Gioconda* (1980) unter Bruno Bartoletti, Umberto Giordanos *Andrea Chenier* (1984) unter Riccardo Chailly und den Radames in Verdis *Aida* (1985) unter Lorin Maazel sowie den Pollione in *Norma* (1988) unter Bonynge. Hinzu kommen Zweitaufnahmen von Verdis *Un Ballo in Maschera* (1985) unter Georg Solti und von *Rigoletto* (1989) unter Riccardo Chailly, des Verdi-*Requiems* (1988) unter Riccardo Muti für EMI und von Donizettis *L'Elisir d'amore* (1990 für DG). Es ist auffällig, daß es aus den Jahren zwischen 1981 und 1984, von Mozarts *Idomeneo* abgesehen, keine Gesamtaufnahmen gibt – offenbar eine Folge der stimmlichen Krise, auf die hingewiesen worden ist.

Zu diesen über dreißig Gesamtaufnahmen kommen zwei Messen von Rossini, Recitals mit alten italienischen Arien und romantischen Liedern, mit den einschlägigen neapolitanischen Gesängen und seit einigen Jahren auch Mitschnitte von Konzerten, die kaum wegen ihrer künstlerischen oder dokumentarischen Qualität eine Publikation rechtfertigen, offenbar aber auf den Markt geworfen zu werden verdienen. Die Aufnahmen sollen nicht chronologisch, sondern stilistisch-methodisch gesichtet werden, dabei aber immer auch mit Blick darauf, ob die Stimme den jeweiligen Rollen überhaupt gerecht geworden ist.

Mozart und Stilfragen

> John Pritchards digitale Studioproduktion von 1983 wurde erst 1988 veröffentlicht... Sie wirkt merkwürdig altmodisch. Pritchard dirigiert... einen dickflüssigen, behäbigen, klangschön-wohligen und spätherbstlich-reifen »Idomeneo«, der... so spannend ist wie ein Besuch in der Kreta-Abteilung des Britischen Museums... Allein Luciano Pavarotti stemmt sich – wenn auch mit dem untauglichen Mittel eifernder *italianità* – gegen die zurückhaltende Tendenz des ganzen Unternehmens.
>
> *Attila Csampai, Idomeneo*[22]

Es gibt keinen anderen Begriff, der so oft gegen Interpreten gewendet wird wie das Wort Stil, und das wiederum ganz besonders dann, wenn es um das Werk Wolfgang Amadeus Mozarts geht. Das hat pauschale Vorurteile gezeitigt wie die Behauptung, daß italienische Sänger Mozart angeblich nicht singen können, oder die Legende, daß Karl Böhm die Opern seines Herzenskomponisten »stilvoll« aufgeführt habe. Zugleich wird das von Nikolaus Harnoncourt verfolgte »Voraus in die Historie« als Besinnung auf einen »neuen Mozart-Stil« gerühmt, ohne daß beispielsweise die Folgen für die Ausführung der Vokalpartien – die Notwendigkeit einer grundlegenden stilistischen Remedur hat Harald Goertz in der *Opernwelt* in einem zweiteiligen Essay »Unser Unfug mit Mozart« überzeugend dargelegt – in den Kritiken der Aufführungen genau evaluiert würden. Dort, in den Rezensionen, geistern immer noch die stilvollen und die stillosen Mozart-Sänger herum: Jene kommen durchweg aus Wien oder München, diese aus Italien oder New York. Daß zum Beispiel englische Sänger die Formensprache von Mozarts Musik sorgfältiger ausführen als viele ihrer deutschen Kollegen, daß beispielsweise auch die Mozart-Aufführungen unter Sir Colin Davis gerade in vokaler Hinsicht unendlich viel differenzierter und gestaltenreicher, eben stilvoller sind als die Karl Böhms, wird nicht thematisch.

Mit pragmatischer Nüchternheit hat William James Henderson in *The Art of Singing* geschrieben: »Die Manier, wie Mozart zu singen, ist eine andere als die Manier, wie Puccini zu singen ist, noch läßt sich die für Donizetti geeignete Manier auf die lyrischen Dramen Wagners übertragen.«[23] Hendersons Begriff, der hier mit Manier übersetzt ist, lautet *manner;* diesem Begriff setzt er *matter* entgegen, und das meint die Technik und Methodik des Singens. Dazu heißt es bei Henderson: »Es gibt nur eine einzige Art und Weise, richtig zu singen, soweit es sich auf die Technik der Stimme bezieht.« Der Moment, in dem Donna Anna in Giovanni den Mörder ihres Vaters erkennt, erfordert dramatische Deklamation, die Lektion des David vor Stolzing einen ausgefeilten *bel-canto-Stil* – und damit die *eine* Technik, die in sich auch die Möglichkeit der voll und ganz musikalisierten Sprache birgt. Henderson handelt vom Stil in zweifacher Hinsicht: »Style and Recitative« und »The Lyric in Style«. Und dabei geht es um »exquisite Reinheit des Tons, perfekte Beherrschung der *messa di voce* und des *portamento,* ein genuines *legato* sowie das *finish* bei der Phrasierung und Nuancierung«.[24]

Nur diese Fähigkeiten erlauben eine stilvolle Aufführung von Mozarts Vokalpartien oder jener zaubrischen altitalienischen Arien, die Pavarotti in seinen Konzerten gern zu singen pflegt. Unabdingbar sind sie auch für die arios geformten Lieder Bellinis, für die Gesänge von Donizetti und die Lieder von Tosti oder Respighi, nicht zuletzt für die neapolitanischen Lieder.[25]

Pavarotti hat in seiner Laufbahn nur zwei Mozart-Partien gesungen: zunächst den Idamante in Glyndebourne, später die Titelrolle in *Idomeneo* – sieben Aufführungen ab Oktober 1982 in New York, weitere sechs im Juli und August 1983 in Salzburg. Die Aufnahme ist im Juni und September 1983 in Wien entstanden, und selbst wenn im Studio John Pritchard verantwortlich war und nicht James Levine, kann man wohl davon ausgehen, daß Pavarottis Darstellung keine Veränderungen erfahren hat.

Und so wurde sie beurteilt: »Unbestrittener Star unter den hier versammelten Goldkehlen ist natürlich ›Big P.‹, der als Mozart-Tenor eine gute Figur macht, auch wenn ein theatralischer Überdruck die sonst sehr intensive Rollengestaltung des mit dem Schicksal hadernden Kreterkönigs an die Grenze des guten Mozart-Geschmacks treibt. In den Arien fühlt er sich mehr zu Hause als in den Ensembles, wo seine Stimme manchmal zu sehr dominiert.«[26] – »... die vom Fach her grundsätzlich korrekt besetzte Titelpartie (zwingt) den in der Höhe eher ›engen‹ Tenor doch allzuhäufig zum Forcieren.«[27] – »Luciano Pavarotti als Mozart-Sänger – ein Sonderfall, ein Experiment gewiß. Aber wie sein Idomeneo an der New Yorker Met und bei den Salzburger Festspielen bewies: ein gelungenes ... Die Partie ist sicherlich eine Grenzpartie für den Sänger, in einem stilistischen Bereich, der nicht seine ureigene Domäne ist. Aber in den italienischen Opern Mozarts muß ja ›Italianità‹ kein stilfremdes Element sein, schließlich hatte der Komponist viel mit italienischen Sängern zu tun, die diese Eigenschaften in ihren Vortrag eingebracht haben. Auch die Schallplattenaufnahme beweist: Wenn sich eine Sängerpersönlichkeit wie Pavarotti des Idomeneo annimmt, wirkt die Figur auch glaubhaft und präsent durch sängerisches und darstellerisches Format.«[28]

Derlei Scheinkritiken ließen sich *ad nauseam* zitieren. Warum findet man nirgends auch nur einen einzigen Hinweis beispielsweise, wie der Sänger mit »Fuor del mar« fertig wird, einer Virtuosenarie *in excelsis*, die einst Hermann Jadlowker mit perfekt in die Linie und den Gestus des Stükkes eingebundenen Koloraturen gesungen hat. Mit einigen Koloraturen wird Pavarotti sehr gut fertig, vor allem ohne jegliche Aspirierungen, doch sie wirken wie angehängt, wie Verbrämungen. Der Triller auf »minacciar« wird nur angedeutet, schwingt aber nicht gleichmäßig aus. Bei »è sì vicino« ist die Intonation nicht ganz sauber, und wiederholt klingen konsonantisch endende Phrasen mit einem schockartigen Atemstoß aus. Dadurch wirkt der Vortrag angestrengt und forciert, was mit *italianità* weniger zu tun hat als mit der durch Müdigkeit und Mattigkeit nicht recht reaktionsfähigen Stimme, deren dynamische Flexibilität so gut wie jeden Wunsch offenläßt.

Nein, Pavarottis Schwierigkeiten mit Mozart lassen sich nicht an einem vagen Begriff von Stil oder durch den Hinweis auf angebliche *italianità* festmachen. Geschmackliche Verirrungen lassen sich ihm, der weniger energisch aussingt als etwa Werner Hollweg (mit einer kleineren Stimme) bei Harnoncourt, schwerlich ankreiden, allenfalls technische Probleme bei der Herstellung der heiligen Dreieinheit von Tonbildung, flexibler Dynamik und Agilität: Seine Technik leitet sich nicht aus der Formenwelt des *bel canto* her, sondern aus der Musik seit Donizetti und Verdi. Das läßt sich überprüfen durch Recitals, bei denen gefragt ist, was William James Henderson als »The Lyric in Style« bezeichnet hat; und da ein Programm mit dem Titel

Pavarotti in Concert 1974 veröffentlicht und vermutlich schon 1973 aufgenommen worden ist, kann man auch über die technischen Fertigkeiten des noch relativ jungen Sängers urteilen. Dieser läßt sich die geschmacklichen Entgleisungen, mit denen Benjamino Gigli die ältere Vokalmusik überzuckerte, nicht zuschulden kommen: nicht die säuselnden *falsetto*-Klänge, nicht die angeschluchzten »Gefühlswörter«, nicht die Aspirierungen, nicht den ganzen Mummenschanz aus der Sphäre triefender Sentimentalität. Nein, die Kunstanstrengung und das Geschmackspostulat sind bei der sängerischen Ausführung spürbar – aber das paßt so gar nicht zu den penetranten, vulgären Arrangements der Lieder von Bellini, Tosti und Respighi durch irgendeinen nahen Verwandten des Herrn Mantovani oder Henry Mancini.

Das Recital beginnt mit »Per la gloria d'adoravi« aus *Griselda,* Melodie von Bononcini und orchestrales Schaumbad von Douglas Gamley. Schöne, ruhige Tonbildung in der ersten Phrase und ihrer ausdrucksvollen Wiederholung im *piano.* Ein guter Triller auf »care«. Sobald die Stimme aber bei »penerò, v'amerò« auf das F steigen muß – also in die Zone des *passaggio* –, verliert sie beim Versuch eines *piano* jegliche Substanz. Sie klingt hauchig und matt; der Ton hat keine Form, keine klangliche Kontur. Noch evidenter ist das bei Händels »Care selve« aus *Atalanta,* einst von John McCormack auf der Stimme gespielt mit dem goldenen Ton von Kreislers Geige – das Phrasenende auf »cor« vor der Reprise bringt einen geradezu häßlichen Atemstoß, und der Sprung auf das A ist ebenso angestrengt wie der Versuch, diesen Ton zu diminuieren. Was hier fehlt, ist einmal mehr *the lyric in style.* Ebenso unleidlich, daß Pavarotti vor allem bei seinen Versuchen, in der *passagio*-Lage *piano* zu singen, sich das Leben durch Aspirierungen leichter macht. Die Lieder von Bellini, Tosti und Respighi, recht eigentlich zärtliche, intime, verhaltene Gesänge, werden durch die Arrangements eingepaßt in die Kunstsphäre der Hollywood Bowl oder eines Films wie *Yes, Giorgio,* mit dem sich Pavarotti selbst bei seinen glühenden Fans blamiert hat. In Rossinis »La Danza« endlich, wo er den Tenor entfesseln sollte, wollen ihm nur die schnellen Ansprünge auf die hohen A's gelingen; ansonsten spürt man sängerische Mühen mit einem Stück, das Wirkung nur macht, wenn es mit klanglichem Überfluß und großer rhythmischer Verve »hingelegt« wird.

Gehören die wunderlich zwischen Kunstlied und Gassenhauer changierenden neapolitanischen Lieder hierher – in den Kontext Mozart und Stil? Es ist ja leicht, allzuleicht, im Namen des guten Geschmacks und der »hohen« Kunst das Volkstümliche zu verachten, und es verlangt eminente Fertigkeiten, einen sublimen Kunstverstand und »etwas im Herzen« (Caruso), »Core 'ngrato« in den Ausdruck des schluchzenden Leides zu verwandeln. Diese Lieder von Sonne und Meer, von gebrochenen Herzen und Liebessehnsucht lassen sich gewiß nicht in die Mogelpackungen modischer Arrangements verpacken, nicht in die Atmosphäre von Robinson-Clubs mit Animateuren an Lautsprechern verpflanzen. Der Zauber alter Aufnahmen mit Fernando de Lucia und Enrico Caruso, Riccardo Stracciari und Tito Schipa liegt tatsächlich darin, daß man das Echo Neapels hört und fühlt – daß man mit der Seele dahin wandern kann, was man reisend gar nicht mehr zu erreichen vermag. Wer das *beschwören* will, noch einmal und heute, der muß diese Lieder leise flehen, sie als Reminiszenzen erklingen lassen. Pavarotti hält sie gleichsam vor das Vergrößerungsglas der Mikrophone und richtet sie, im Verein mit dem Arrangeur, für die Hotelhalle oder die Pizzeria her, wo sie, seit seine Stimme in den alltäglichen Musikteppich eingewoben, als italienische Klangkulisse fungiert. Dieser

Lupe der Mikrophone aber entgeht nicht, daß er auch hier Probleme mit den oben beschriebenen sängerischen Nuancierungen hat.

Pavarotti und Rossini

> Der ältere David, Vater des gegenwärtigen Künstlers und ein Sänger, dessen Stimme einst ebensoviel Anerkennung gefunden hat wie die des Sohnes, tadelt den letzteren ständig deswegen, weil dieser nicht sanft und süß genug singt und weil er zuviel vokale Qualitäten auf dem Altar purer vokaler Akrobatik opfert.
>
> *Stendhal*

Es war Gioacchino Rossini, der, wie im Exkurs über die Heraufkunft des Tenors in der italienischen Oper ausgeführt, in seinen neapolitanischen Opern Partien in höchster *tessitura* schrieb – vor allem für den zwischen 1788 und 1790 geborenen Giovanni David, den Sohn von Giacomo David, einen noch baritonalen Tenor mit einer nach allen Beschreibungen phänomenalen Technik. In dem Essay »Heroes on the Rise« zitiert Stefan Zucker einen Zeitgenossen: »Er wird am meisten in Arien geschätzt, die Kraft, *bravura* und Überraschungen bieten. Die heikelsten Sprünge, die schwierigsten Intonationen, die intrikatesten Kadenzen, Halbton-Triller – Effekte, die man von keinem anderen erwarten kann – bewältigt David mit Leichtigkeit, Anmut und Charme ...«[29]

Der ältere David war der Begründer einer Schule von Sängern, die einen Umfang von zweieinhalb Oktaven besaßen: Giovanni David und Andrea Nozzari, der wiederum der Lehrer von Giovanni Battista Rubini wurde. Nozzari sang in neun Opern, die Rossini zwischen 1815 und 1822 für das Teatro San Carlo von Neapel geschrieben hat: *Elisabetta, Regina d'Inghilterra, Otello, Armida, Mosè in Egitto, Riccardo e Zoraide, Ermione, La Donna del Lago, Maometto II* und *Zelmira*. Obwohl die Stimme nach Aussagen von Schülern baritonal grundiert war und bis zum tiefen G ging, erreichte er in der Höhe das D. In einigen Opern, darunter *Otello*, sang neben ihm, als »der einzige echte Tenor unserer Generation« (Stendhal), der jüngere David, der in seinen Aufführungen Umfänge von drei Oktaven bewältigte. Bellini schrieb für ihn in *Bianca è Fernando* ein F^2, doch erreichte er selbst das A und das B. Technisch kann das nur möglich gewesen sein durch den Gebrauch der *voce mista* oder eines *falsetto*, das, *da capo* für Richard Bonynge, schärfer fokussiert war als das von Pavarotti in *I Puritani* gebrauchte.

Pavarotti hat keine dieser Rollen gesungen, in denen jüngst Tenöre wie Ernesto Palacio, Chris Merritt, Raoul Giminez, Giuseppe Morino oder Salvatore Fisichella mit zuweilen brillanten Koloraturen zu hören waren, auch nicht die dunklere Partie des Otello (von dem jungen José Carreras mit erstaunlicher Sicherheit bewältigt). Er hat sich mithin einem Kernbereich der *bel-canto*-Musik erst gar nicht gestellt, obwohl gerade für seine oft unter beträchtlicher Spannung geführte Stimme das Training der Laufgeschicklichkeit hilfreich gewesen wäre.

Zu hören ist er nur im *Stabat Mater* und in der *Petite Messe Solenelle* und in *Guglielmo Tell*. Im *Stabat Mater* nimmt er die hoch liegenden Phrasen – bis hin zum Des – ohne erkennbare Mühe, doch wirkt der Ton sehr gespannt; er strömt nicht so frei wie der des jungen Björling, der überdies durch ein spannungsvolleres *portamento* den Phrasen mehr Relief – jene »dritte« Dimension – verleiht. Seiner einzigen Rossini-Rolle, als Arnoldo in *Guglielmo Tell*, nähert er sich durchaus nicht mit jener vokalen Eleganz, die Nicolai Geddas Singen selbst zu dem Zeitpunkt noch auszeichnete, da des Schweden Stimme Zeichen von *wear and tear* zu zeigen begann. Gedda phrasiert nuancierter und ausdrucksvoller, zeigt sich dynamisch unendlich viel flexibler und setzt in der hohen *tessitura* oftmals – durchaus nicht immer – die *voce mista* ein und geht damit auf den Stil von Nourrit zurück.

Hingegen ergibt sich Pavarotti, wie Richard Osborne in *Opera on Record*[30] schreibt, »seiner Gewohnheit, alles oberhalb des Systems ins hellste Licht zu rücken«, und beraubt damit die Musik der feineren Vokalfarben. Die Reaktionen der Fachkritik fielen unterschiedlich, aber durchaus nicht sehr positiv aus. Ulrich Schreiber warf dem Sänger wie dem Dirigenten »schlampige Phrasierungen« und den Abstieg in die »Untiefen des Geschmacks« vor. Der Grund hierfür mag die stilistische Verpflanzung sein: Aus der »eleganten französischen Fassung« wird in der italienischen ein »read-blooded reading«[31] (Osborne) – ein eher grobes *melodramma*. Ein vorurteilsloser Vergleich von »Asil hériditaire« (italienisch: »O muto asil«), der von der Präferenz der einen oder der anderen Stimme absieht,[32] erweist Gedda als den unendlich viel nuancierteren Sänger. Er müht sich nicht nur, wie einst auch Tamagno, um einen *dolce*-Ansprung auf »héredi-*taire*«, sondern um farbliche Schattierungen, die man bei Pavarotti kaum findet; auch deshalb, weil die Stimme, längst nicht mehr sauber auf dem Atem liegend, durchweg nur unter Hochdruck anspricht. Dadurch kommt es zu krassen klanglichen Kontrasten zwischen seinen festen, stählernen und hell-brillanten *acuti* und den Tönen, die mit der halben Stimme gebildet werden und, vor allem in der mittleren Lage, nur matt herauskommen, beinahe wie ein Wispern.

Bezogen auf die fundamentale erste Qualität des Singens, ist die Tonbildung unfrei. Wann immer Pavarotti eine sanfte Tongebung oder den Klang aufzulichten versucht, fällt gleichsam die untere Resonanz, die Klangbasis, aus. Dadurch kann auch kein homogenes *legato, per definitionem* die lückenlose Übernahme von Tönen bei jedem dynamischen Grad, entstehen. Ebenso auffällig, daß die starke Stauung der *forte*-Töne immer wieder zum Nachstoßen von Luft an Phrasenenden führt. Bei der Aufnahme des Terzetts hat man den Eindruck, es gehe allein um Hochdrucksingen – ohne daß die Signori Pavarotti, Sherrill Milnes und Nicolai Ghiaurow auch nur annähernd so konzentriert-brillant sängen wie einst Giovanni Martinelli, Giuseppe de Luca und José Mardones.[33] Der Verfasser teilt Richard Osbornes Ansicht, daß Riccardo Chailly als Dirigent der Aufführung das Werk aus der Perspektive Verdis darstellt, vermag aber schwerlich Gefallen zu finden an der Vergröberung und der latent gewalttätigen Dynamisierung.

Pavarotti und Bellini

> Ein musikalisches Drama muß die Menschen weinen, schaudern, sterben lassen durch die Macht des Singens ... Das Singen die Menschen zu Tränen rühren ...
>
> *Vincenzo Bellini in einem Brief an den Grafen Carlo Pepoli*[34]

In Pavarottis Bühnenrepertoire finden sich zwei Rollen Vincenzo Bellinis: Elvino in *La Sonnambula* und Arturo in *I Puritani*. Jene hat er 1965 neben der Sutherland in London auf der Bühne gesungen, den Arturo zum erstenmal 1968 in Catania, 1972 in Philadelphia und danach 1976 in immerhin zehn Aufführungen an der Met. Aufgenommen hat er Bellinis letzte Oper 1973, die leichtere Partie des Elvino allerdings erst 1980, als Joan Sutherland zum zweitenmal die Amina aufnahm (bei der ersten war Nicola Monti ihr Partner gewesen). Als dritte Rolle und vierte Rolle kommen auf der Platte der Orombello in *Beatrice di Tenda,* 1966 mehr als eine Talentprobe, und der Pollione in *Norma* hinzu.

Elvino wie Arturo sind Rubini-Rollen – die erste eine lyrisch-anmutige mit feinen *fioriture* und diversen Ornamenten, vor allem Vorhalten und *gruppetti.* Wie sein Elvino hätte klingen *können,* deutet eine Duettplatte mit Joan Sutherland (1976) an: Pavarotti beginnt das Rezitativ und auch die ersten Phrasen von »Prendi, l'anel ti dono« behutsam und klangschön, aber mit einer zu gedeckten Tongebung, als daß die *cantilena* wirklich zum Blühen gebracht würde. Die Gesamtaufnahme kam für Joan Sutherland, die die Rolle auf der Bühne nicht mehr sang, spät, für den Tenor viel zu spät. Ihr steht nicht länger der elegisch-süße, schwebend-feine Ton ihrer vokalen Glanzzeit zur Verfügung, und von ihm ist kaum je ein substanzvolles *legato* bei geringem dynamischen Stärkegrad zu erleben, schon gar nichts von der sängerischen Eleganz, vom strömenden Fluß *und* der selbstverständlichen Virtuosität eines Cesare Valletti, der sich 1955 neben Maria Callas unter Leonard Bernstein nicht nur als Tenorvirtuose zeigte – welch wundervolle Verzierungen in »Son geloso del zeffiro« bei korrekter Führung der Stimmen im Sextabstand –, sondern die feine Tonproduktion eines *tenore di grazia* mitsamt allen dynamischen Gradierungen vorführte. Auch die mit voller Stimme gesungenen B's und C's klingen nicht nur unfrei und angestrengt, sondern wie stranguliert, und das ist, um es ganz behutsam zu formulieren, ausgesprochen kontraproduktiv bei einer Melodik, die Lyrismus *in excelsis* ist. Nicht für einen Moment genießt man den süßen Schmerz, von einer lyrischen Melodie zu Tränen gerührt zu werden.

Als Pavarotti 1973 den Arturo für die Schallplatte sang, befand er sich, so der Grundton der meisten Kritiker, in bester Form. Dennoch, des Verfassers Augen haben sich nicht wie die Heinrich Heines und des Fürsten Metternich mit Tränen gefüllt wegen des hohen *falsetto*-F, dessentwegen Luca Fontana förmlich zum Panegyriker Pavarottis wurde. Wie unterschiedlich die einzelnen Kritiker auf diese Extremnote und die Manier ihrer Bildung reagieren, zeigt das Verdikt Ulrich Schreibers, der nur »ein scheußliches Falsetto«[35] hörte. Weit entfernt davon, die Wahrheit dort zu suchen, wo man sie selten findet, in der Mitte, ist der Verfasser der Ansicht, daß man sich bei diesem Ton in den meisten Fällen mit einer Notlösung begnügen muß – er ist in das heutige Singen generell nur sehr schwer zu integrieren, und vielleicht sollten Sänger verfahren wie Alfredo Kraus unter Riccardo Muti und sich mit einem gut konzentrierten hohen Des begnügen. Denn auch das hohe F Nicolai Geddas, dem Richard Fairman in *Opera on Record* Elemente von »Rubinis Eleganz«[36] zubilligt, *empfinde* ich eher bemerkenswert und durchaus nicht, wie Ulrich Schreiber, als »hinreißend«, wie bewunderungswürdig der technische Artefakt, die Bildung des Tons mittels einer konzentrierten und gut gestützten *voix mixte,* auch immer sein mag.

Damals, beim ersten Hören und vor allem beim Vergleich mit dem ohne Finessen gesungenen Arturo von Giuseppe di Stefano, war ich von Pavarottis Vortrag, von seiner linearen Phrasierung und seiner beherrschten Emphase durchaus beeindruckt, zumal auch der Klang der Stimme in dieser Aufnahme nicht so hart und eng wirkte wie in mancher anderen. Doch ergeben sich Maßstäbe, wie John Steane sagt, durch den Vergleich, und der Vergleich mit Aufnahmen des stilistisch konkurrenzlosen Alessandro Bonci, der das Cis in der zweiten Stanze von »A te, o cara« zauberisch anschlägt, und des mit elegantem *bravado* auftretenden Giacomo Lauri-Volpi verweist Pavarotti doch auf die Plätze, weil er kaum je mit den Mitteln der *messa di voce* die Phrasen zu beleben, zu wärmen sucht. Er ist kein nobel-empfindsamer Arturo, sondern gibt sich wie ein selbstsicherer *happy-go-lucky* der Stimme. Dennoch gehört die Aufnahme, mit Sutherland in sehr guter Form, zu den besten des Tenors. Hingegen fallen Piero Cappuccilli und Nicolai Ghiaurow weit hinter Standards zurück, die einst Mattia Battistini (etwa bei »In sogno beato«) oder auch Ezio Pinza (in »Cinta di fiori«) gesetzt haben: der Bariton als mit Verve singender *virtuoso*, der Baß als Meister eines expressiv-schattierten *cantabile*.

Es gibt Altersaufnahmen – etwa von Adelina Patti, Marcella Sembrich oder Lilli Lehmann –, die uns eine Ahnung geben von einstigem Glanz und die wichtig sind als Zeugnisse des alten Stils oder der großen Tradition. In diesem Sinne sind sie unverzichtbar. Ob man irgendwann diese Perspektive auf die zweite *Norma*-Aufnahme von Joan Sutherland wird finden können? Die Australierin hat die Arie zunächst in einem Recital von 1960, sodann 1964 in einer ungekürzten Aufnahme unter Bonynge gesungen: zuerst brillant mit einem hellen, silbrigen, schimmernden Ton, der später, wie Andrew Porter in seiner Diskographie schreibt, einer Phrasierung »con intenzione«[37] und einer dunkleren, verhangeneren Tongebung Platz gibt. Wie Porter empfinde ich die *mezza voce* der Sutherland als bei weitem weniger expressiv und »schön« als den weichen Ton der Callas – welcher die von Bellini geforderten Tränen in die Augen treibt. In der neuen Aufnahme ist nur noch wenig von der einstigen Brillanz zu hören und nichts, rein gar nichts von der ohnedies nie hoch entwickelten Fähigkeit zu einer dramatischen Deklamation.

Und Pavarotti? Er, der ein idealer Pollione hätte sein können, bringt nicht einmal mehr die für ihn typische sing-darstellerische Energie auf, hält nicht einmal dem Vergleich mit dem stilistisch nicht allzu versierten Franco Corelli (neben Maria Callas 1960) oder John Alexander (neben Joan Sutherland 1964) stand. Es ist zu spüren, daß die Firma der *diva* eine Dankes- oder Vertragsschuld abstatten und das Desaster wenigstens mit werbeträchtigen Namen lindern wollte. Das Resultat ist eine einzige Katastrophe.

Pavarotti und Donizetti

Ich liebe die Musik Verdis, aber meine Stimme
liebt die Rollen Donizettis.

Luciano Pavarotti

DAS Werk Gaetano Donizettis ist für die Entwicklung der Stimmfächer besonders interessant. Der unendlich produktive Komponist, der – als Held und Opfer des damaligen Theaterwesens – rund siebzig Opern schrieb, schuf in seinen französischen Werken (für die große Teresa Stolz) den Typus des dunklen Mezzosoprans und füllte gleichsam auch den Tonraum zwischen Tenor und Baß durch eine mittlere Stimme – den Bariton, den Mozart und Bellini praktisch noch nicht gekannt hatten. Die erste typische Baritonpartie ist wohl Rossinis Barbiere di Siviglia, aber erst Donizetti begann damit, die Befindlichkeiten und die geschlechtlichen Spezifika seiner Bühnenfiguren über Timbre und Stimmlage zu definieren. Nach dem Kastraten wurde dem »Alt in Hosen« die Rolle des Liebhabers endgültig abgenommen. Das Symbol für Jugend, Eros und Leidenschaft wurde der Tenor, während dem Bariton die Rollen des Mannes, des eifersüchtigen Nebenbuhlers, des sinistren Gegenspielers und Schurken überantwortet wurden. Dem *basso cantante,* der bis dahin den Don Giovanni wie den Figaro Mozarts gesungen hatte, und vor allem dem *basso profondo* fielen die Vaterfiguren zu, die Könige, Potentaten und Priester oder auch, in schwärzester Farbe, höllische Gestalten (Caspar im *Freischütz,* Sparafucile im *Rigoletto*).

Dem psychologisch-realistischen Charakter des romantischen Melodrams entsprechend, wurden auch die Frauenrollen stimmphysiologisch und psychologisch definiert. Für die unberührte und reine Jugend ward der helle, hohe Sopran eingesetzt, für die Gegenspielerin – zugespitzt zu Figuren wie Azucena, Eboli und Amneris bei Verdi, bei Wagner Ortrud als das böse (weil politische) Weib – war der Mezzosopran da, während die Altistin, von Rossini im verzierten Gesang eingesetzt, allenfalls noch Pagenrollen für die *jeux d'esprit* erhält.

Was die Tenorrollen angeht, so tilgte Donizetti immer stärker die Elemente des verzierten Gesangs, die sich bei Bellini stets dann fanden, wenn er für Giovanni David (*Bianca è Fernando*) oder für Rubini geschrieben hatte.

Dazu schreibt Rodolfo Celletti in seiner *Geschichte des Belcanto:* »Donizetti kolorierte[38] für Rubini jedesmal, nicht nur in den Frühwerken, sondern auch in *Anna Bolena* (Percy) und in *Marin Faliero* (Fernando). Ziemlich häufig schrieb er Koloraturen auch für Duprez, jedoch nur so lange, als dieser Tenor sich bemühte, Rubini zu imitieren... danach tendieren die Parte von Duprez mehr zu einem unverzierten Gesang: Edgardo (*Lucia*), Fernando (*La Favorita*), Poliuto, Don Sebastiano. Für einen weiteren großen Interpreten, den Tenor Napoleone Moriani, hielt sich Donizetti generell an einen unverzierten Gesang ... Zu bemerken wäre noch, daß die von Bellini und Donizetti mit Blick auf Rubini und auf Duprez in seiner ersten Phase verwendete Koloratur unendlich viel weniger dicht und akrobatisch ist als die Rossinis. Die Lage der Stimmen erweist sich dafür als außergewöhnlich hoch, sowohl im vokalisierten als auch im syllabischen Gesang. Aber die typische ›tessitura‹ des romantischen Tenors – hoch, wenn auch nicht sehr hoch – bestimmte Donizetti mit den Partien, die er für den älteren Duprez (seit *Lucia*) und für Moriani schrieb; Verdi hat sie später von ihm übernommen.«[39]

In den Rollen Donizettis – und des jungen Verdi – hat Pavarotti seine Talente offenbar am besten entfalten können. Da war zunächst die superbe Aufnahme von *La Fille du Régiment*, und drei Jahre später folgte die von *L'Elisir d'amore* mit Joan Sutherland als einer etwas tranigen Adina – ihre elegisch-larmoyante Tongebung paßt nicht so recht zu der kapriziösen Figur – und zwei wenig distinkten Stimmen für Belcore und Dulcamara. Was gäbe man darum, statt Dominic Cossa und Spiro Malas Sänger wie Tito Gobbi, Renato Capecchi oder einen so fabelhaften *buffa*-Interpreten wie Giuseppe Taddei zu hören, vor allem wegen der Duette, die in der Stimme agiert werden müssen. Harold Rosenthal hat die von Richard Bonynge betreute und vollständige Aufnahme (mit einer vokalen Walzereinlage, die auf Aufführungen mit Maria Malibran zurückgeht) freundlich besprochen. Pavarotti singe »Quanto è bella« nicht verhalten und intim genug, aber »Una furtiva lagrima« würde »einen Stein schmelzen lassen«.[40]

Was »Quanto è bella« angeht, fühlt sich der Verfasser an einen Satz von Maria Callas nach einer ihrer ersten Aufführungen als Norma erinnert: »Sie war nicht so gut, wie ich sie in meiner Vorstellung gesungen habe.«[41] So süß und sanft, so versonnen und emphatisch, wie dieses kleine Stück klingen *könnte*, ist es auf Platten, soweit der Verfasser sehen kann, nicht zu hören. Der längst nicht mehr junge Gigli kost die Phrasen mit seiner honigsüßen *mezza voce*, interpoliert aber einen überdynamisierten und zudem leicht tremolierenden hohen Ton. Vielleicht kam der junge Ferruccio Tagliavini dem Ideal nahe, mit einem Ton, der gleichermaßen sanft und sinnlich ist.

Im Vergleich dazu wirkt Pavarottis Kolorierung des Klangs, und auch die ist abhängig von der Technik der Tonproduktion sowie der dynamischen Schattierungen, phantasiearm. In der Romanze vermisse ich nicht nur die koloristischen Nuancen und die *messa-di-voce*-Effekte, sondern generell das spontane, freie Spiel mit den Verzierungen, durch das die Caruso-Aufnahme von 1904 *hors concours*[42] ist. Gewiß singt Pavarotti die Romanze effektvoller als Nicola Monti, sauberer als Giuseppe di Stefano, unendlich viel klangreicher als Luigi Alva, stilvoller als Rudolf Schock, tonlich wärmer als der hier matt und indifferent klingende Nicolai Gedda, aber sein Bestes gibt er doch eher in den Duetten und den Ensembles: Schwung, rhythmische Pointiertheit und plastische Diktion.

Die auf Brillanz und Brio getrimmte Aufnahme unter James Levine bedeutet gleichsam den Abguß einer unendlich oft wiederholten Darstellung. Nicht, daß Pavarotti routiniert wirkte, dazu scheint er viel zu verliebt in die Partie. Aber er kennt den Nemorino inzwischen an allen guten und schlechten Tagen. Und woher sollte er heute, nach drei Jahrzehnten auf der Bühne, mehr sinnliche Süße für »Quante è bella« nehmen, woher mehr technische Freiheit, Brillanz und Verve für »Una furtiva«? Nein, sein Nemorino ist zwar immer noch ein Prachtbursche, aber ein wenig ältlich neben der agilen Adina von Kathleen Battle. Ob er, nach der Hochzeit, mit dem Dulcamara von Enzo Dara in der Kneipe sitzt und sich fühlt wie Don Pasquale? Der Gerechtigkeit halber sei angemerkt, daß man Pavarotti als Nemorino auf der Bühne erleben muß, etwa so, wie er ihn unter der Regie von Jean-Pierre Ponnelle dargestellt hat, als zugleich naiven und doch gewitzten Burschen, als tumben Bären und selbstsicheren Charmeur und mit einer Beweglichkeit, die aus der inneren Bewegtheit des Singens kommt. Dieser Aufführung in Hamburg erinnert sich der Verfasser als einer superben Demonstration sing-darstellerischen Theaters.

Die zweite zentrale Donizetti-Rolle geht auf Duprez zurück: Edgardo in *Lucia di Lammermoor.* Er hat sie 1971 aufgenommen, und zwar in bester Form. Abgesehen von der letzten Szene der Oper, »Tu che a Dio spigasti l'ali«, einst von John McCormack mit subtileren *portamenti* und feineren lyrischen Nuancen gesungen, kann der Sänger in dieser Partie emphatischer und direkter aus sich herausgehen. Er geht dabei nicht soweit wie Giuseppe di Stefano, den er vor allem in der Nuancierung der Rezitative deutlich übertrifft. Hier ist, scheint mir, eine fast ideale Balance aus lyrischer und doch energischer Tongebung, beherrschter und doch lebendiger Phrasierung und unangestrengter Brillanz erreicht. Einen besseren Partner hätte sich die in dieser Aufnahme brillante Joan Sutherland schwerlich wünschen können.

Bei weitem nicht so oft wie den Edgardo hat Pavarotti den Fernando in *La Favorita* gesungen; selbstverständlich aber, daß die Partie, einmal für San Francisco (1973/74) gelernt, über Aufführungen in Bologna auch auf die Platte gebracht werden mußte. Das heutige Musikleben funktioniert nach dem Leitsatz, daß es um die Konzentration der Mittel und die Expansion der Wirkung geht. So gibt es denn schwerlich eine Bühnenrolle des Sängers, die nicht auch im imaginären Museum der Platte bewahrt bliebe.

Die Aufnahme erschien, auch das gehört in den Zusammenhang der Wirkungsstrategien, genau zum Zeitpunkt, da das Werk an der Met wieder aufgeführt wurde. Doch wurde es wirklich erweckt? So revitalisiert, wie andere Werke Donizettis von Maria Callas erweckt worden sind – wie *Lucia* oder *Anna Bolena*? Die Oper ist, trotz des Titels, nicht die des Mezzosoprans, sondern die des Tenors. Die letzte bemerkenswerte Aufführung in der Met hatte am 29. Dezember 1905 stattgefunden – mit Enrico Caruso als Fernando, Edyth Walker als Leonora und Größen wie Antonio Scotti und Pol Plançon im Ensemble. Schon in der Aria des ersten Aktes »Una vergine, un'angel di Dio« kann Pavarotti auf das Des'' aufsteigen, und diesen Ton interpoliert er auch in der martialischen *cabaletta* am Ende des ersten Aktes. Das macht Effekt, doch ist die Produktion dieser *acuti* auch hier wieder ein wenig angespannt mit der Folge eines engen Klangs. Vor allem in der herrlichen Romanze »Spirto Gentil«, einst von Caruso wundervoll in der Schwebe von belcantischem Gesang und dramatischem *espressivo* gehalten, fehlt, was im angelsächsischen Sprachtum *poise* genannt wird, der nicht inhibierte Fluß des den Ton tragenden Atems und damit wieder die Möglichkeit zur Kolorierung und zu *portamenti*. Störend sind vor allem die Atemstöße am Ende der lang gehaltenen und stark verdichteten Spitzentöne.

Doch darf man beim Vergleich immer nur nach ein oder zwei Modellaufnahmen greifen? Aus den fünfziger Jahren gibt es zwei Aufnahmen: Alberto Erede nahm das Werk für Decca mit Gianni Poggi auf, dem die Schallplatte einige der häßlichsten, gaumigsten, kloßigsten Tenorklänge ihrer Geschichte verdankt; in einer Cetra-Aufnahme unter Angelo Questa sang Gianni Raimondi. Auch er war ein Sänger mit einer brillanten Höhe, wird aber, was Fluß und Bindung des Singens und Eleganz der Manier angeht, von

Pavarotti deutlich überboten. Leider hat Pavarotti in Fiorenza Cossotto eine vor allem in der hohen Lage unsicher intonierende Partnerin, und auch der in den Wogen seiner Stimme selbstzufrieden badende Nicolai Ghiaurow hebt die Aufnahme, philologisch zudem anfechtbar, insgesamt nicht auf das Niveau, das ein neues Interesse an der Oper wecken könnte.

Donizettis drei Opern über die »Tudor Queens« haben erst 1957 durch das Revival von *Anna Bolena* am Teatro alla Scala mit Maria Callas in der Titelpartie neues Interesse gefunden, und sei es aus dem praktischen Grunde, daß die Nachfolgerinnen der Griechin – Elena Suliotis, Montserrat Caballé, Beverly Sills und Renata Scotto – in ihrem Repertoire unverbrauchte Rollen benötigten. Die Werke, neben *Anna Bolena* die Schiller-Oper *Maria Stuarda* und *Roberto Devereux*, haben, weil sie seit den achtziger Jahren des 19. Jahrhunderts von den Bühnen verschwunden sind, keine überprüfbare Aufführungstradition. Jedes Werk liegt inzwischen in vier oder sogar fünf Versionen vor, die ganz und gar auf die modernen Bühnenbedürfnisse zugeschnitten und in philologischer Hinsicht Kompromisse sind. Das gilt insbesondere für die Aufnahme von *Maria Stuarda* unter Richard Bonynge, 1834 für das San Carlo von Neapel geschrieben, dann der Zensur zum Opfer gefallen und schließlich für eine Aufführung in Mailand mit Maria Malibran umgearbeitet. Beide Fassungen sind verlorengegangen, so daß man sich auf eine 1855 in Paris gedruckte Fassung verlassen muß (die Details finden sich im Kommentar von Jeremy Commons zur Aufnahme).

Wie *Anna Bolena* steht und fällt das Werk mit der Darstellung der Titelfigur und der Gegenspielerin, der Königin Elizabeth. Wie im Drama Schillers, dem es um die Idealisierung des Realistischen ging, steht das Zusammentreffen zwischen den Rivalinnen, eine dramatische Erfindung und keine historische Begebenheit, im Mittelpunkt – und den wissen Joan Sutherland und Huguette Tourangeau effektvoll auszunutzen. Bonynge hat die Partien der Protagonisten reich und elegant ausgeziert, und die Qualität von Joan Sutherlands Ausführung rechtfertigt die Aufführung. Sie singt mit reichem Ton, mit brillanter Verve in den *cabalettas* und feinen Ausschmückungen der *cantabile*-Linien, aber ihr Vortrag besitzt, wegen der notorischen Gleichgültigkeit gegenüber der Formkraft der Konsonanten, nicht jene Eloquenz, die jede Callas-Aufnahme zum Ereignis macht. Für die kanadische Mezzosopranistin ist der Part lagentechnisch arrangiert worden, so daß sie zeitweilig wie der prächtigste weibliche Baßbariton seit Zarah Leander klingt.

Pavarottis Leistung ist weitgehend untadelig. Er singt allerdings, wie stets seit Mitte der siebziger Jahre, mit einem relativ festen, metallischen und nicht immer strömenden Ton. Zu beobachten ist auch hier die eng fokussierte Höhe, die ein wenig starr wirkt oder, paradox formuliert, gequält-brillant klingen kann, zumal es dem Sänger damals offenbar immer darum ging, ein C oder, am Ende des Duetts mit der Titelheldin im zweiten Akt, ein Des'' zu servieren. Diese Neigung zur tenoralen Selbstinszenierung wird immerhin wettgemacht durch gute Linienbildung und die wie stets hervorragende, plastische Diktion.

Pavarotti und Verdi

Daß man Verdi als »Attila der Stimmen« apostrophiert hat, wissen nachgerade alle; weniger bekannt ist jedoch, daß schon vor Verdi Bellini vorgeworfen worden ist, er habe mit seiner Kompositionsweise drei große Sänger ruiniert: Henriette Méric-Lalande mit I Puritani und La Straniera, Antonio Tamburini ebenfalls mit La Straniera und Giuditta Pasta mit La Sonnambula... In der romantischen Oper, mit ihrer Emphase, ihrer nervösen Spannung, die bei Verdi einen Höhepunkt erreichten, kamen die extrem hohen Brusttöne in Mode, vielleicht zwar, wie gesagt wurde, »Schrei der Seele«, zweifellos aber auch Anlaß zu größerem Kraftaufwand und zu wahren Gladiatorenkämpfen auf der Bühne. Die Stentorstimme wurde gefördert, ja eigentlich herausgefordert aufgrund des verstärkten Orchesters und der neuen Unisoni mehrerer Stimmen oder von Stimmen und Instrumenten. Die Abschaffung des Koloraturgesangs für Tenor, Bariton und Baß hielt die Sänger auch von dessen Studium ab, was verheerende Folgen in bezug auf die Spontaneität der Tonerzeugung und die Weichheit des Tons zeitigte... Der Kult einer unmittelbaren und feurigen Expressivität brachte es mit sich, daß vor den stimmlichen und virtuosen Qualitäten gewisse darstellerische Fertigkeiten Vorrang erhielten... und sich bei den Interpreten – neben den athletischen Darbietungen der beinahe bis zum Ersticken ausgehaltenen hohen Töne – allzu theatralische Akzente und Phrasierungen einbürgerten.

Rodolfo Celletti, Geschichte des Belcanto[43]

Reinste musikalische Poesie. Ein zaubrisches *andantino,* 6/8-Takt, zu Beginn nur für *pizzicato*-Streicher instrumentiert, erst für die Kadenz kommen Klarinette und Fagott hinzu. Feinste orchestrale Textur zum Tragen der Tenorstimme: »Ah, sì, ch'io senta ancora ... Dal più remoto esilio« aus Giuseppe Verdis *I Due Foscari,* uraufgeführt am 3. November 1844 am Teatro Argentina von Rom mit Giacomo Roppa als Jacopo.

Die Arie wird genauen Kennern von Verdis Opern bekannt und, weil ein vokales Juwel, teuer sein; der junge Tenor hat sie in seinem ersten Recital gesungen, 1968 unter Edward Downes. Aber sie wird nie erwähnt, wenn es um »Pavarottis Greatest Hits« geht. Sie zählt zu seinen schönsten Aufnahmen, weil es ihm spürbar weniger darum geht, Spitzentöne zu exponieren, als die leicht verzierte melodische Linie in vokale Kalligraphie zu überführen – nicht immer restlos sicher bei Schleifen, aber mit vokaler Phantasie. Leider war Pavarotti damals an den Aufnahmen mit den Werken des jungen Verdi nicht beteiligt, obwohl er vermutlich der rechte Tenor für Partien wie Oronte in *I Lombardi,* Jacopo in *I Due Foscari,* Carlo in *Giovanna d'Arco,* Foresto in *Attila* und Ernani gewesen wäre. Vor allem in seinen ersten Opern geht der Komponist gleichsam in den Stiefeln der Tradition und schreibt, wie Bellini und Donizetti, Vokallinien mit den Elementen des Ziergesangs. Erst in *Alzira, Il Corsaro* und *La Battaglia di Legnano* setzte Verdi zum erstenmal den dramatischen, deklamatorischen Tenor ein. Den Mittelweg ging er dann in *Luisa Miller, Rigoletto, La Traviata* und *Un Ballo in Maschera.* Hier wird ein lyrischer Tenor mit leichter Extension in die Höhe und nicht zu kleinem Volumen verlangt. Diese Rollen standen und stehen im Mittelpunkt von Pavarottis Verdi-Repertoire. Erst später sind der Manrico – trotz der C's in der *stretta* eine tief liegende und darob (!) so schwierige

Rolle – und der Radames hinzugekommen. Sie zu singen fordert gleichermaßen lyrische wie dramatische Qualitäten. Eine hybride Rolle wie Arrigo in *I Vespri Siciliani*, eine dramatische wie der Alvaro in *La Forza del Destino* oder auch der Otello liegen, so scheint es, außerhalb der stimmlichen Möglichkeiten des Sängers. Insofern ist er kein so vollständiger Verdi-Interpret, wie es beispielsweise Carlo Bergonzi oder einst Giovanni Martinelli und Giacomo Lauri-Volpi waren.

In den ersten zehn Jahren – da seine Karriere noch eine musikalische Laufbahn war – hat sich Pavarotti an eine eherne Regel von Nellie Melba gehalten: Er hat bei der Auswahl seiner Partien darauf geachtet, *innerhalb seiner Mittel* zu singen. Neben dem Herzog und dem Alfredo, Partien seines ersten Sängerjahres, hat er nur den Oronto in *I Lombardi* siebenmal an der Oper von Rom gesungen. 1971 kam der Riccardo in *Ballo* hinzu, drei Jahre später der Rodolfo in *Luisa Miller*, und mit dem Manrico in *Il Trovatore* begann 1975 der von vielen bedauerte Fachwechsel. Seine Verdi-Aufnahmen entsprechen – mit einer Ausnahme – seiner stimmlichen Entwicklung. *La Traviata* hat er erst 1979 aufgenommen, vielleicht nicht zu spät in seiner Laufbahn, sicher aber zu einem Zeitpunkt, da die Stimme nicht im besten Zustand war und nur unter Druck richtig ansprach. Den Riccardo in *Un Ballo in Maschera* hat er rechtzeitig, im Jahre 1970, aufgenommen und doch nicht zum richtigen Zeitpunkt, weil seine Partnerinnen – Renata Tebaldi und Regina Resnik – nur noch mit ihrem Ruhm ins Studio gehen konnten. Durch sie wird die Aufnahme völlig disqualifiziert, was um so bedauerlicher ist, als der Tenor eine exemplarische Darstellung bietet. Er phrasiert elegant bei seinem Auftritt (»La rivedrà«), singt das technisch schwierige »Di tu se fedele« mit Eleganz und Verve, schenkt sich verbrauchte Effekte wie das Lachen in »E scherzo od è follia« und findet auch ohne Exaltationen den angemessen emphatischen Ton für das Liebesduett. Im letzten Akt allerdings kommt er trotz der effektvolleren Stimme an den nach dem Krieg unvergleichlichen Verdi-Stilisten Carlo Bergonzi nicht heran.

Schwer verständlich, daß der Tenor in der zweiten Aufnahme unter Georg Solti Gnade vor den Ohren von Alan Blyth gefunden hat. »Er reagiert bereitwillig auf einen Part, der männliches, sinnliches Singen von extravertierter Emotionalität verlangt, und der klagend-schmerzliche Klang seiner Stimme ist genau das, was die Rolle verlangt. Da er hier in strahlender Stimme singt und sensibel auf die meisten dynamischen Vorschriften Verdis achtet, erlebt man die in der Barcarole geforderte Leichtigkeit, die passionierte Attacke im Liebesduett und den gewaltigen Ausbruch der Leidenschaft in der Szene vor dem Ball.«[44]

Richtig ist: Pavarotti bemüht sich spürbar um eine detaillierte, dramatisch-ausgefeilte Darstellung und arbeitet viele Details viel sorgfältiger heraus als in der ersten Aufnahme, aber fast jedesmal treibt die Stimme an den Rand des Kollapses. Insbesondere die Versuche, *fortissimo*-Noten zu diminuieren, führen zu matten, hauchigen, körperlosen Klängen, so daß viele Phrasen durch Klangbrüche ihre Bindung verlieren. Der Eindruck der Mühe, der Angestrengtheit, wird verstärkt durch Soltis hektische Tempi, seine Neigung zu gewalttätigen Klangsteigerungen und zu expressiver Überdeutlichkeit, die dem Werk die innere Balance nimmt.

Schwer verständlich auch, daß solche Breitwandinszenierungen von Verdis Musik, die ja nicht allein den vokalen Ausdruck vergröbern, höher bewertet werden als sorgfältige Kapellmeisteraufführungen wie die des *Rigoletto* unter Richard Bonynge: Pavarottis zwei Verdi-Opern auf der Platte und, was ihn angeht, eine weitgehend erstklassige

Darstellung. Er distanziert nicht nur Jan Peerce, Ferruccio Tagliavini, Mario del Monaco, Jussi Björling, Richard Tukker, Renato Cioni, Carlo Bergonzi, Nicolai Gedda und all die anderen Tenöre, die die Partie nach dem Krieg aufgenommen haben, sondern bietet eine exemplarische Interpretation – auch wenn sie nicht *alle* Erwartungen erfüllen mag.

Wer in der *ballata* »Questa o quella« Ausschmückungen in der zweiten Stanze und in »E il sol nell'anima« *rubati*- und *messa-di-voce*-Schattierungen erwartet, wer auf sanfte *mezza-voce*-Attacken und Phrasierungen in »Parmi veder le làgrima« wie von Tito Schipa oder Ferruccio Tagliavini wartet, wer sich am Ende des Quartetts ein *gruppetto* auf »consolar« à la Caruso erhofft – der wünscht sich nicht nur zuviel, sondern das Unmögliche. Die Summierung all dieser Kunstgriffe ergäbe etwas Synthetisches. Gewiß könnte Pavarotti hier und dort ein wenig sanfter und behutsamer singen, sicher fehlt es einigen Phrasen mit der halben Stimme an Leuchtkraft, doch das wird mehr als ausgeglichen durch die energische Brillanz des Singens und ein vokales Agieren, das die Figur auf der Hörbühne sichtbar werden läßt, und selbst der in der Höhe sichere Alfredo Kraus hat das Des am Ende des Duetts und das D am Ende der *cabaletta* schwerlich so blitzend-brillant genommen wie der Italiener. Joan Sutherland als Gilda ist, anders als die in dieser Rolle unvergleichliche Maria Callas, keine ahnungsvolle Unschuld, sondern eine Suse vom Land, und Sherrill Milnes in der Titelpartie bereitet manche Pein durch eine unsichere Intonation und die körnige Klangproduktion. Überragend aber die *comprimarii,* voran Martti Talvela als Sparafucile mit rabenschwarzer Stimme und Kiri te Kanawa.

Erstaunlich, wie lebendig und spontan Pavarotti die Rolle, die unbestreitbar zu den schwierigsten des gesamten

Tenorfachs zählt, noch heute singt – obwohl nicht nur das D oder das Des fingiert, sondern auch das H angestrengt klingen. Aber mit welcher Vitalität füllt er schon die erste Szene, mit welcher Suggestivität wirbt er im *duettino* um die Gräfin Ceprano! Gewiß, es gibt gestaute und jäh mit Atemdruck abreißende Töne, es gibt eher heftige als elegante Phrasierungen, aber das wird aufgewogen durch eine der größten Tugenden des Singens: Spontaneität und Eloquenz. Nichts davon, von dieser Eloquenz und Präsenz, ist etwa bei Vincenzo La Scola zu spüren, der die Partie in einer Aufnahme unter Riccardo Muti singt, die vielleicht Philologen Genugtuung bereitet, doch bei fast jedem Test im Theater durchfallen würde.[45]

Wäre in der Aufnahme von *La Traviata* unter Richard Bonynge, 1979 entstanden und erst nach einiger Wartezeiten (für Korrekturen?) veröffentlicht, auch nur ein Hauch von dieser Spontaneität zu spüren! Sie gehört zu den Reprisen, die einer *diva* zugebilligt oder von dieser gefordert werden, und sie gehört zu den Kompromissen einer Besetzungspolitik, die einen erschöpften Star besser als einen tüchtigen jungen Interpreten verkaufen zu können meint, und sie gehört zu den Ärgernissen, die man als Beobachter des Musikbetriebs und des nicht mehr abstellbaren Grammophons empfindet. Pavarotti kann als Alfredo nicht einmal die Rolle spielen, die er selbst dann parat hat, wenn er in so schlechter Verfassung singt wie hier: den vokalen Charmeur.

Durchaus interessanter sein Manrico im *Trovatore* unter Richard Bonynge, dessen Einstudierung höchst unterschiedlich, überwiegend aber sehr kritisch beurteilt wurde. Harold Rosenthal vermißte »flesh and blood«, und diese Metapher zeigt, daß die Erwartungshaltung auch der Kritiker sich auf eine Aufführung mit rhythmischem Impetus und vokalem Feuer richtet – und genau das hat Richard

Bonynge nicht zu bieten. Die Aufnahme wirkt synthetisch, jeder der Protagonisten liefert eine Rolle ab, doch von einer spannungsreichen Zuordnung der Figuren zueinander, von dramatischer Interaktion, ist wenig zu spüren. Offenbar ging es dem Dirigenten darum, so etwas wie eine rückwärtige Verbindung zur *bel-canto*-Tradition herzustellen und damit an die Aufführung der jungen Callas anzuschließen. Doch bedarf es dazu eines dramatischen Talents, das Joan Sutherland nie besaß; ihre Leonora gleicht einem offiziösen Hofgemälde mit matt gewordenen (vokalen) Farben und erstaunlichen Unsicherheiten bei gehaltenen Noten vor allem in der Übergangslage (zwischen E's und F).

Es mag den Connaisseur entzücken, daß Marilyn Horne in »Stride la vampa« tatsächlich Triller singt statt der meist gebotenen Triolen, doch wirkt das alles wie Dekor, das ein mageres Hauptgericht aufwerten soll. Pavarotti als Manrico – das ist, um eine Metapher Walter Legges aufzugreifen, eine männliche *gazza ladra*. Der Sänger hat, wie er berichtete, vor der Aufzeichnung alle erreichbaren Aufnahmen und Mitschnitte studiert, um herauszufinden, auf welche Weise seine Kollegen, je nach stimmlicher Veranlagung, die Rolle bewältigt und deren Hürden genommen haben. Schließlich habe er Björling als Vorbild gewählt.

Wen sonst? Nur hat seine Stimme nie die völlig gelöste Brillanz besessen, die das Singen des Schweden auszeichnete, der es sich sogar leisten konnte, in der Übergangslage dunkle Vokale relativ offen zu singen, und der mit viel größerer Ansatzverve attackieren konnte. Der Versuch aber, in den dramatischen Szenen den vokalen Kraftkerl herauszustellen – eine Neigung, die Pavarotti nur selten hat unterdrücken können –, schlägt wider den Sänger zurück: Die Anstrengungen zeitigen einmal mehr jene gequälte Brillanz, die man als Hörer erleidet und nicht genießt.

Es fällt schwer, über die von Lorin Maazel mit technischer Perfektion und spürbarer Gleichgültigkeit dirigierte Aufnahme von *Aida* auch nur ein Wort zu verlieren. Sie ist im Dezember 1985 und Januar 1986 gleichzeitig mit Aufführungen an der Scala entstanden, und es hat vier Jahre gedauert, bis sie von Luciano Pavarotti freigegeben worden ist. Seine Skrupel sind aller Ehren wert, der Radames ist, auch wenn er vieles schöner singt als einige der robusten Tenöre, einfach nicht seine Rolle, und es hilft wenig, wenn zur Entschuldigung gesagt wird, daß Radames auch nicht die Rolle dieses oder jenes anderen Sängers ist. Aber warum ist nichts von den Skrupeln des Bassisten Paata Burchuladze zu hören, der vor einigen Jahren als große Hoffnung galt und hier grob und unbeherrscht röhrt? Warum nichts von Skrupeln des Baritons Leo Nucci, der hier – wie als Rigoletto – ausgesungen wirkt und rauh und grau klingt?

Pavarotti und Puccini

Qui son?... Son un poeta.
Giacomo Puccini, La Bohème, 1. Akt

In seiner kleinen und leidenschaftlichen »Universalgeschichte« der Oper, mit der Emphase des Melomanen projiziert in eine charismatische Sängergestalt, hat Luca Fontana die Aufnahme von *La Bohème* unter Herbert von Karajan mit Pavarotti als Rodolfo deshalb gerühmt, weil das Werk von den Schlacken der naturalistischen Primitivästhetik befreit worden sei. Vor allem in den Rezensionen jener deutscher Kritiker, die von der Frankfurter Schule beeinflußt sind, hieß es hingegen, Karajan verlagere »das gefährliche Raffinement der Partitur in eine solche Höhe, daß daraus eine neue kompositorische Dimension entsteht«.[46]

Vermittels ästhetischer Sublimierung hebt der Dirigent, den kruden Affektgesten des Naturalismus abhold, eine trivial-romantische Geschichte und eine sentimentale Musik auf eine andere Ebene der Rezeption – sublimiert für einen Geschmack, der das Trivale für sich ausschließt oder ausschließen zu können meint und doch nicht ohne Musik der Seele auskommt. Es ist der Geschmack, den Susan Sontag als »campy« bezeichnet hat. Es ist einer, der sich am Überlebten und zugleich Stilisierten zu ergötzen vermag und die Geschichte jener verirrten Bürgerkünstler nicht so ernst nimmt, wie man sie erlebt, wenn man das Werk unter der Leitung von Arturo Toscanini hört – bei dem es zu einem blutigen Endspiel wird, zu einem Existential. Toscanini führte das Stück emphatisch auf, als wäre es ein Zeitstück. Bei Karajan wird es zu einem Sinnenspiel für ein Publikum oder Hörer, die entzückt, verzaubert oder gerührt sein wollen, und damit zur ästhetischen Gratwanderung, wie sie Artur Rubinstein einmal beschrieben hat, als er sagte, es gebe keine Grenze zwischen Süße und Sentimentalität. »Doch darf man sie«, fügte er hinzu, »nicht überschreiten.«

Puccinis Rodolfo ist Pavarottis suggestivstes Portrait auf der Schallplatte. Der Stimme nach klingt er wie ein romantischer Edelmann, wie ein nobler Jüngling voll brennender Leidenschaften, doch seine darstellerische Phantasie entzündet sich am stärksten, wenn er in einer *buffa* einen Tölpel, in einer Verdi-Oper wie dem *Rigoletto* einen Libertin – oder auch einen Macho – und in einem Melodram Puccinis ein sentimentales Bürgerbürschchen darstellen muß. Dieser Rodolfo ist eine Darstellung, durch welche die Figur förmlich sichtbar wird. Welch eine Prägnanz und Plastizität des Singens gerade bei den Konversationspassagen, welch mühelose Brillanz bei den kurzen melodischen Aufschwüngen, welche Sorgfalt der Phrasierung, welche Eloquenz in der Arie des ersten Aktes, welch verhaltenes Pathos in den Duetten und Ensembles des dritten – das ist eine Meisterleistung, die von keinem Tenor erreicht, geschweige denn übertroffen wird.

Ebenfalls 1972 hat Pavarotti den Calaf in *Turandot* gesungen, erneut in einer dirigentisch exemplarischen Aufführung: unter Zubin Mehta, der die dunklen Farbmischungen der Partitur, einhergehend mit einem oftmals schleichend-stockenden melodischen Duktus, ebenso überzeugend herausarbeitet wie die suggestiven Sinnenreize dieser exotisierenden Musik. Joan Sutherland und Luciano Pavarotti behaupten sich, mit dezenter Hilfe der Aufnahmetechnik, selbst im Duett des zweiten Aktes (Ende von »In questa reggia« und Rätselszene) im dichtesten Orchestersatz durch exemplarische Projektion. Ungewohnt verhalten und subtil *agiert* der Tenor auch in seiner Arie an Liù, wo er die Mischung aus Konversationston und *arioso* exakt trifft und zudem gerade dank seiner Verhaltenheit wunderbar *klingt;* es gibt auch kaum eine Platte, die den Aufstieg in die Hitparaden eher verdient hätte als sein »Nessun dorma«.

Zwei Jahre später, 1974, folgte die Aufnahme von *Madama Butterfly,* erneut unter Herbert von Karajan und mit einer stimmlich leichten Cio-Cio-San, Mirella Freni. Das wesentliche Ziel auch dieser Aufführung ist die ästhetische Stilisierung des Atmosphärischen durch orchestrale Sinnenreize. Wo sonst findet man solches *sostenuto*-Spiel? Wo aber auch derart willkürliche Kontraste in der Wahl der Tempi – bis hinein in reine Statuarik (Hochzeitsszene)? Wo endlich solch knallige Breitwandeffekte? Was in der Aufnahme der *Bohème* durchgängig gelungen war, gerät hier zu einer synthetischen Inszenierung – und zu einer Exponierung der Stimmen, denen diese nicht gewachsen sind. Mirella Freni hat mit klimaktischen Phrasen zu kämpfen und kommt soeben davon, während Pavarotti angestrengt und fast gequetscht eng singt.

Es gehört zu den Allgemeinplätzen der Kritik, daß Puccinis Opern in die besten Dirigentenhände gehören, und wenn es eines Beweises bedürfte, so hätten ihn die *Tosca*-Aufführungen von Victor de Sabata und Herbert von Karajan erbracht (nicht zu reden von Dirigenten wie Sir Thomas Beecham und Sir John Barbirolli, von Arturo Toscanini und vor allem Tullio Serafin). Die von Nicola Rescigno dirigierte Aufnahme von *Tosca* gehört schwerlich zu den Glanzstücken der Puccini-Diskographie, und keiner der beteiligten Sänger – neben Pavarotti sind es Mirella Freni und Sherrill Milnes – bietet einen Lichtblick im Winter dieses Mißvergnügens. Bedauerlich genug, daß Pavarottis Stimme zum Zeitpunkt der Aufnahme ohne Fundament in der tiefen Lage war, daß ihm kaum eine klangvolle *piano*-Passage gelingt, geschweige denn ein süßes *smorzando*, daß die Höhe nur mit peinigender Stauung gelingen will; viel ärgerlicher aber das, was der Kritiker von *High Fidelity* als den »völligen Mangel dramatischer Darstellung« empfand, an dessen Stelle die Selbstdarstellung einer vokalen Persönlichkeit trete: anonymes »tenorizing«.[47] Anders gesagt: Pavarotti liefert Versatzstücke aus einem längst verdinglichten Arsenal an Tenorgesten, schier grotesk bei seinem endlos gehaltenen »vittoria« im zweiten Akt, das indes, peinlich genug, rein stimmlich gar nicht sieghaft klingt.

Pavarotti und seine veristischen Rollen

Singe stets innerhalb deiner stimmlichen Mittel.
Nellie Melba[48]

Dies ist krudes, stößiges Singen und fingierte Dramatik. Er verfängt sich in jeder Falle der Rolle. Die Wahl seiner Phrasierungen greift zurück auf evidente Klischees. Er bemüht sich um irrelevante Energieausbrüche, um die Musik auszufüllen. Hier und da gibt er üppige Spitzentöne aus, gleich darauf folgen enge und gequetschte. In der Mittellage wird aus dem *vibrato* ein *tremolo*.

Conrad L. Osborne: »Diary of a CavPag Madman«. In: High Fidelity[49]

NICHT nur von einem Kritiker ist die Frage gestellt worden: was einen charmanten, gewinnenden und populären lyrischen Tenor mit der idealen Stimme für Edgardo, Elvino, Nemorino, Ernesto, Alfredo, Faust oder Werther dazu veranlassen konnte, Rollen wie Canio und Calaf, Manrico und Radames, Enzo und Andrea Chenier zu übernehmen – und das zu einem Zeitpunkt, da »die hohe Lage«, wie der Kritiker und Gesangspädagoge Conrad L. Osborne anmerkte, »ihren Saft zu verlieren begann« und das, was er die »open-throatedness«[50] nannte. Warum also hat sich Pavarotti darauf eingelassen, die von Nellie Melba und nicht nur von ihr formulierte kardinale Regel zu verletzen, nur innerhalb der eigenen Mittel zu singen?

Regeln lassen, das wäre eine Begründung, Ausnahmen zu. Alessandro Bonci hat mit einem Tenor aus der Klasse der Leichtgewichtler den Arturo gesungen und seinen Ton auf dem Atem, wie Henderson berichtet, in den entferntesten Winkel des Theaters geschickt. Karl Erb hat mit seiner »Knabenstimme« den Lohengrin gesungen, und Alexander Berrsche lobte ihn enthusiastisch. – »Damals, damals«, sagt Pavarotti dazu, »die Orchester waren kleiner besetzt, und die Dirigenten kannten noch nicht die Angst vor dem Leisen.« Also jüngere Beispiele und das vielleicht signifikanteste. Der junge Jussi Björling, seiner stimmlichen Anlage nach ein lyrischer Tenor wie der Italiener, hat an der Met auch *spinto*-Rollen wie Manrico, Cavaradossi, Turriddu, Des Grieux und Don Carlo gesungen; doch hat er sie nicht anders gesungen als seine lyrischen Rollen, also ohne jene Vergrößerung des Volumens, die ohne Anspannung und muskuläre Energie nicht zu erreichen ist. Auch Carlo Bergonzi hat es verstanden, eine nicht allzu voluminöse und nicht sehr durchschlagskräftige Stimme mit technischem Geschick und bedeutendem Gespür für dramatische Pointierung durch schwere Partien zu manövrieren. Der von Verdi hochgeschätzte Bariton Victor Maurel, der erste Jago und Falstaff, hat einmal gesagt, daß sich das Publikum sehr rasch daran gewöhne, wenn ein Sänger ständig laut singt. Viel wirkungsvoller als die permanente klangliche Ausladung sei eine Dramaturgie der Dynamik.

Für den lyrischen Tenor ist das noch viel wichtiger als für den dramatischen. Pavarotti hat nie die Mittel besessen, um als Radames, als Andrea Chenier oder als Canio mit der unermüdlichen Brillanz und gewaltigen Ausladung zu singen wie beispielsweise ein Mario del Monaco oder auch ein Franco Corelli, hätte also bemüht sein müssen, seine eigene vokale Dramaturgie für die schweren Rollen zu finden. Das hat durchaus nichts mit jener Art der kompensatorischen Darstellung zu tun, die sich die Ausführung *musikalisch-technischer* Details erspart, etwa die Ausführung von Verzierungen, von Trillern, von Koloraturen. Es geht einfach darum, daß *leggiero*-Tenöre wie Tito Schipa oder Ferruccio Tagliavini Partien anders anlegen müssen als Sänger mit reicheren klanglichen Mitteln – in unserer Zeit waren Nicolai Gedda und Alfredo Kraus Meister dieser vokalen Ökonomie.

Man mag das Bild, das 1978 sowohl die Platten-Covers als auch die Werbeseiten für die *CavPag*-Aufnahme zierte, als Antwort auf die Frage begreifen, warum Pavarotti seine ersten veristischen Partien sang. Das Bild zeigt ihn in der Maske des die Trommel rührenden Bajazzo – zeigt ihn in der Maske Carusos und damit bei der Übernahme nicht nur der musikalischen, sondern auch der sozialen Rolle. Zeigt ihn bei dem Versuch, den alten Mythos zu beleben und der Tenor der Tenöre zu werden: das Tenorsymbol schlechthin.

Es ist mehr als irritierend, daß ein Sänger, der unter Herbert von Karajan aus Puccinis Rodolfo tatsächlich einen empfindsamen romantischen Jüngling gemacht hatte, in der Aufnahme von *Pagliacci* sich jener Gesten bedient, die schon die Väter der (vokalen) Klamotte gebraucht und verhunzt haben. Wie Benjamino Gigli und Mario del Monaco, die innere Bewegtheit zur weinerlichen Rührseligkeit veräußerten, schluchzt Pavarotti in das Nachspiel von Canios *lamento* hinein und ergeht sich in jenem falschen theatralische Geheule, für das Thomas Mann in *Mario und der Zauberer* das köstliche Wort »antikisches Heldenjammergeschrei« prägte. Seine Darstellung wirkt wie eine nicht zur Einheit verschmolzene Adaption von mehr oder minder berühmten Effekten, die als Echo aus seiner Darstellung schallen. Für einige der exponierten Passagen – etwa die Einladung an die Bauern »a ventitrè ore« oder die auf das A führende klimaktische Phrase in »Recitar« – versammelt er alle vokalen Energien; was ihn das allerdings kostet, hört der sorgsame und kritische Hörer in den matten, blassen Tönen der Mittellage, die nicht unter Hochdruck produziert werden können. Fülle, Wärme und Resonanz hat eine Stimme in dieser Lage nur, wenn die Tonbildung völlig unverspannt ist und auch das *piano* Resonanz besitzt. Bei allen Idiosynkrasien gegenüber der sängerischen Manier eines Mario del Monaco oder eines Franco Corelli muß der Verfasser einräumen, beim neuerlichen Hören in manchen Momenten innere Abbitte geleistet zu haben.

Ein Rätsel, warum ein lyrischer Tenor als Turriddu schon »O Lola« singt wie Otello sein »Ora per sempre addio«, nämlich laut und aggressiv? Nein, kein Rätsel, das ganze Stück liegt in der heiklen höheren Mittellage und kann nur dann beherrscht gesungen werden, wenn die *piano*-Funktionen der Stimme in Ordnung sind. In der Auseinandersetzung mit Julia Varadys Santuzza, vom Stimmklang und Temperament her gewiß keine Sizilianerin, trägt er mehr als die Kleider der Rolle, und auch das *brindisi* und das »Addìo alla Madre« gelingen besser.

Die dritte Rolle aus dem veristischen Repertoire war der Enzo in Amilcare Ponchiellis *La Gioconda,* den er auch zur Eröffnung der Saison 1979/80 in San Francisco sang. Was den melodischen Reichtum, die dramaturgische Konsistenz, die theatralische Wirkung angeht, ist Ponchiellos Oper ein Meisterwerk. Daß es so wenig populär wurde, mag an der Schwierigkeit liegen, sechs Partien mit ersten Sängern zu besetzen und für die Titelpartie eine Callas zu finden oder eine vokale Schönheit wie die Milanov. Oder eine Ponselle. Oder die hierzulande kaum bekannte Giannina Arangi-Lombardi. Um einige weitere Namen (und damit die anderen Rollen) ins Spiel zu bringen: Ebe Stignani und Irene Minghini-Cataneo für die Laura; Caruso, den jungen Gigli, Jussi Björling und aus stilistischen Gründen Fernando de Lucia für den Enzo, nach dem Krieg gewiß auch Richard Tucker und Carlo Bergonzi; Titta Ruffo, Riccardo Stracciari, Giuseppe de Luca und Pasquale Amato für den Barnaba, später Leonard Warren oder Robert Merrill; endlich Tancredi Pasero, Ezio Pinza oder Cesare Siepi für den Alvise.

Mit diesen Namen soll nichts anderes gegeben werden als ein Orientierungsmaßstab für die Besetzung: Diese Oper bedarf kraftvoller, gesunder Stimmen mit dramatischer Ausdrucksfähigkeit – womit durchaus nicht Fülle oder Durchschlagskraft gemeint sind, sondern darstellerische Energie mit den Farben und Schattierungen der Stimme. Weder Montserrat Caballé (Titelpartie) noch Agnes Baltsa, die in Ermangelung geeigneter Sängerinnen seit Jahren für dramatische Rollen mißbraucht wird, haben die Mittel für ihre Rollen. In seiner Diskographie (*Opera on Record,* Band III) schreibt Alan Blyth, daß Pavarotti als Enzo seinen »Assassini«-Auftritt energisch oder kraftvoll (»forceful«)[51] singe. Ob das wohl als Euphemismus für bloße Angestrengtheit zu verstehen ist, für einen flachen, grellen und in der tiefen Lage hohlen Klang? Wenn ein Sänger zum Zwecke der dramatischen Wirkung die offenen Vokale aufhellt, ist das immer ein Zeichen für vokale Nöte, und für das stößig-explosive Auslauten der Konsonanten gibt es nur ein Wort: Mummenschanz.

Wie hat William James Henderson einst Carusos Interpretation von »Cielo e mar« beschrieben? Als lyrischen Höhenflug. Als imaginatives, poetisches Singen einer sinnlichen Hymne. Man muß Pavarotti nicht an Caruso messen, wohl aber den Pavarotti dieser Aufnahme mit dem Pavarotti des erwähnten Recitals von 1969/70, mit einem jungen, sorgsam dynamisierenden und klanglich schattierenden Tenor, und man wird mit italienischer Emphase »Ohimè!« rufen oder »Perduto«, und dies noch verzweifelter angesichts der völlig ausgesungenen Stimme von Nicolai Ghiaurow in der Rolle des Alvise.

Wie im Fall der Titelrolle der Oper *Mefistofele* von Arrigo Boito, die hierzulande ebenfalls kaum bekannt geworden ist – ein italienischer (oder auch ein französischer) Komponist und der *Faust*-Stoff, da scheint für deutsche Kritiker ein einziges, ein niederschmetterndes Wort fürs ästhetische Verdikt auszureichen: Goethe. Das Vorspiel des Werks gehört Boitos Titelhelden – und für den hat Ghiaurow, 1970 von Steane im Ausblick seines Buches voller Hoffnung als Erbe der »Grand Tradition« beschworen, mehr heiße Luft zu bieten als beherrschten Gesang. Die tiefe Lage der Stimme klingt matt, heiser-hauchig. Diesen Defekt versucht der Sänger zu kompensieren durch eine Art von Überdruck in der Mittellage und in der Höhe – und durch schauerlichen vokalen Mummenschanz. Das ist um so bedauerlicher, als Pavarotti offenbar vor dem Faust einigen Respekt hat und ihn verhaltener und poetischer singt als fast alle anderen Rollen in den letzten zehn Jahren seiner Karriere – in einer von Oliviero de Fabritiis exzellent dirigierten Aufführung.

Wie Ponchiellis *La Gioconda* ist auch Umberto Giordanos *Andrea Chenier* für jedes Theater, das eine superbe Besetzung aufbieten kann, ein prächtig aufgezäumtes *cheval de bataille,* und in der Phalanx der Sänger, die den Revolutionspoeten gesungen haben, fehlt kein großer Name. Der Sänger der Uraufführung hieß Giuseppe Borgatti, der wunderbare Tenor von Toscaninis italienischen Wagner-Erstaufführungen, und es folgten Francesco Tamagno und Giovanni Zenatello, Enrico Caruso und Benjamino Gigli, Giovanni Martinelli und Giacomo Lauri-Volpi, nach dem Krieg Mario del Monaco und Franco Coirelli, in jüngster Zeit Plácido Domingo und Luciano Pavarotti. Dieser hat drei Szenen des Chenier in seinem Recital mit Arien des *verismo* mit der »möglicherweise wundervollsten Stimme aller Chenier-Interpreten« (William Mann)[52] gesungen, den Vortrag jedoch korrumpiert durch das Vorzeigen seiner Spitzentöne und »tirading« (Mann), also rhetorische Übertreibung.

John Steane hat sich in seiner Kolumne »The Gramophone and the Voice« enthusiastisch über diese Ausschnitte aus dem *Chenier* geäußert, später auch über den Pavarotti der Gesamtaufnahme. Dies ist erstaunlich, vor allem beim Vergleich mit anderen Interpreten der Rolle. Rhetorische Emphase, etwa im Binnenteil von »Un dì all'azzuro spazio«, will allerdings durch überreichte Mittel gedeckt sein, und nicht jeder kann, wie einst Martinelli oder Mario del Monaco, *fortissimo con somma passione* auftrumpfen. Der letztere stand im Mittelpunkt einer von Gianandrea Gavazzeni dirigierten, fesselnd-theatralischen Aufführung mit Renata Tebaldi (effektvoll, aber nicht differenziert) und Ettore Bastianini. Der Bariton wie der Tenor sind auf Platten schwerlich besser, jedenfalls nicht suggestiver zu hören. Suggestiv auch und zugleich sorglos der Chenier von Franco Corelli, der sich gleichsam wie ein Freibeuter, ein Errol Flynn des Singens, aufführt und dafür zumindest eine Stimme mitbringt, die nach rohem *beef* schmeckt.

In der fesselnden Aufführung unter James Levine (1977) sang Plácido Domingo den Titelhelden, und selten war er auf Platten überzeugender zu erleben. Die Flamboyanz des veristischen Singens entspricht seiner Stimme jedenfalls besser als der Pavarottis, um den in der von Riccardo Chailly kompetent betreuten Aufnahme vor allem exzellente *comprimarii* (Christa Ludwig, Kathleen Kuhlmann, Astrid Varnay, Tom Krause, Piero de Palma) versammelt worden sind, während für die weiteren Hauptrollen mit Montserrat Caballé und Leo Nucci keineswegs ideale Sänger zu Verfügung standen. Über ihn schrieb Gregory Sandow in *High Fidelity:* »Luciano Pavarotti klingt, als wäre er an dem Drama nicht beteiligt. Trotz seiner Bemühungen, seine künstlerische Integrität zu retten vor seiner Karriere als Entertainer, erweckt er den Eindruck, vergessen zu haben, was die eine italienische Tenorrolle von der anderen unterscheidet. Aber er hat tatsächlich seine stimmliche Freiheit wiedergewonnen... Sein Singen ist strahlend und durchaus geschmeidig, um Welten besser als bei den drei Ausschnitten seiner Recital-Platte.«

Es zeigt zumindest die Bemühung um Form und ein gezügeltes Pathos, das der Stimme als Instrument gemäßer ist denn Exaltationen à la Gigli, der auf seine Art ein brillanter Darsteller der Rolle war.

Pavarotti oder Vom Verpackungswesen

Das hohe C ist der Leit-Ton dieser Auswahl von Opernszenen.

Aufschrift auf einer Verpackung

ÜBER Recitalplatten lange kulturkritische Kommentare abzufassen, über die Fetischisierung von Spitzentönen zu rechten, über die Regression des Hörens zu klagen – all das ist verlockend und obsolet. Seit es die Schallplatte gibt, ist sie sowohl in den Dienst der Musik als auch in den der Selbstdarstellung von Stars genommen worden.

Entscheidend einzig und allein ist, ob sich die Stars dabei in den Dienst der Musik gestellt haben. Es ist ein gewaltiger Unterschied, ob Maria Callas mit einem Recital die *femmes fragiles* Puccinis sorgsam portraitiert, ob sie aus der Summe von Einzelmomenten ein Konzept für subtilen *verismo*-Gesang entwickelt oder ob das immer gleiche Repertoire zur Sammlung von Hits hergerichtet wird.

Selbst wer mit den Aufnahmen Pavarottis einigermaßen vertraut ist, hat es nicht ganz leicht mit der Einordnung dessen, was sich da alles findet auf *Tutto Pavarotti* oder *The Essential Pavarotti,* auf *Big P.* und *Pavarotti Anniversary,* auf *Pavarotti singt Verdi* und *Pavarotti singt Donizetti,* auf *Mattinata* und *Volare,* auf *Primo Tenore* und *Pavarotti in Albert Hall,* und *Pavarotti in Concert* und *Favourite Italian Songs,* auf *Yes, Giorgio* und *Die großen Stimmen der Arena von Verona* – und ein paar weitere Titel sind sicher noch zu finden.

Bravo, Pavarotti! Auch das war natürlich ein solcher Titel. Bravissimo! War das nicht auch einer? Darein, in das globale *bravissimo,* wird inzwischen alles verpackt, was die Mikrophone haben einfangen können, Konzerte aus Modena und Verona, mit dieser oder jener *diva,* mal Gelungenes und noch mehr Mißlungenes. Er ist die Fülle schlechthin, wenn auch nicht immer die des Wohllauts, ist die Verkörperung von »Oper dicke« und damit eine melodietragende Stimme in der von Klaus Umbach beschriebenen *Geldscheinsonate.*[53]

Das bedarf keines weiteren Kommentars, nur eines kleinen melancholischen Schlusses. Er stammt aus einer Oper, deren Tenorheld dem Tenor nicht heldenhaft genug war und der den Zopf der guten alten Zeit trug. Das Stück heißt: *Così fan tutte.*

Diskographie

BELLINI

Beatrice di Tenda
Sutherland/Pavarotti/Veasey
Ambrosian Opera Chorus
London Symphony Orchestra
Richard Bonynge
SET 320/2 GF
Decca TIS
Kassettenausgabe

Norma
Sutherland/Caballé/
Pavarotti/Ramey
Orchestra and Chorus of the
Welsh National Opera
Richard Bonynge
414 476-2
Decca (3 CDs) DDD

I Puritani
Sutherland/Pavarotti/
Cappuccilli/Ghiaurov
London Symphony Orchestra
Richard Bonynge
417 588-2
Decca (3 CDs) ADD

La Sonnambula
Sutherland/Pavarotti/Ghiaurov
National Philharmonic
Orchestra
Richard Bonynge
417 424-2
Decca (2 CDs) DDD

BOITO

Mefistofele
Ghiaurov/Pavarotti/Freni/
Caballé
National Philharmonic
Orchestra
Oliviero de Fabritiis
410 175-2
Decca (3 CDs) DDD

DONIZETTI

La Favorita
Cosotto/Pavarotti/Bacquier/
Ghiaurov
Orchestra e Coro del Teatro
Comunale, Bologna
Richard Bonynge
430 038-2
Decca (3 CDs) ADD

Maria Stuarda
Sutherland/Tourangeau/
Pavarotti/Morris/Soyer
Orchestra e Coro del Teatro
Comunale di Bologna
Richard Bonynge
425 410-2
Decca (2 CDs) ADD

L'Elisir d'amore
Battle/Pavarotti/Nucci/
Dara/Upshaw
Chor und Orchester der
Metropolitan Opera
James Levine
DG 429 744-2

L'Elisir d'amore
Sutherland/Pavarotti
Cossa/Malas
Ambrosian Opera Chorus
English Chamber Orchestra
Richard Bonynge
414 461-2
Decca (2 CDs) ADD

Anna Bolena
Pavarotti/Sutherland/Ramey/
Hadley/Mentzer
Orchestra and Chorus of the
Welsh National Opera
Richard Bonynge
421 096-2
Decca (3 CDs) DDD

La Fille du Régiment
Sutherland/Pavarotti
Malas/Sinclair
Orchestra and Chorus of the
Royal Opera House,
Covent Garden
Richard Bonynge
414 520-2
Decca (2 CDs) ADD

Lucia di Lammermoor
Sutherland/Milnes
Pavarotti/Ghiaurov
Orchestra and Chorus of the
Royal Opera House,
Covent Garden
Richard Bonynge
410 193-2
Decca (3 CDs) ADD

Donizetti Arien
La Fille du Régiment;
L'Elisir d'amore; La Favorita;
Il Duca d'Alba; Dom Sébastien;
Don Pasquale; Maria Stuarda;
Lucia di Lammermoor
Luciano Pavarotti
with various orchestras and
conductors
417 638-2
Decca ADD

Verdi & Donizetti
arias from Luisa Miller,
Macbeth, Un Ballo in Maschera,
La Favorita,
Lucia di Lammermoor etc.
421 304-2
Decca ADD

Requiem
Bruson Cortez/Pavarotti
Orchester und Coro Ente Lirico
Arena di Verona
D. Fackler
6.42680 AH
Decca/ASPEKTE

GIORDANO

Andrea Chenier
Pavarotti/Caballé/Nucci
National Philharmonic Orchestra
Riccardo Chailly
410 117-2
Decca (2 CDs) DDD

LEONCAVALLO

Pagliacci
Freni/Pavarotti/Saccomani/Wixell
National Philharmonic Orchestra
Giuseppe Patanè
414 590-2
Decca (2 CDs) ADD
(+ Mascagni Cavalleria Rusticana)

MASCAGNI

Cavalleria Rusticana
Varady/Pavarotti/Cappuccilli
National Philharmonic Orchestra
Giandrea Gavazzeni
414 590-2
Decca (2 CDs) ADD
(BRD 8 35 445 ZA)
(+ Leoncavallo Pagliacci)

L'Amico Fritz
Freni/Pavarotti/Sardinero/Major u. a.
Royal Opera Chorus,
Orchestra Royal Opera House Covent Garden
Gianandrea Gavazzeni
EMI CDS 7 47905 8

MOZART

Idomeneo
Pavarotti/Popp/Baltsa/Gruberova/Nucci
Wiener Staatsopernchor
Wiener Philharmoniker
Sir John Pritchard
411 805-2
Decca (3 CDs) DDD

PONCHIELLI

La Gioconda
Caballé/Pavarotti/Baltsa
Milnes/Ghiaurov
National Philharmonic Orchestra
Bruno Bartoletti
414 349-2
Decca (3 CDs) DDD

PUCCINI

Madama Butterfly
Freni/Pavarotti/Ludwig Kerns
Wiener Philharmoniker
Herbert von Karajan
417 577-2
Decca (3 CDs) ADD

Tosca
Freni/Pavarotti/Milnes
National Philharmonic Orchestra
Nicola Rescigno
414 036-2
Decca (2 CDs) ADD

Turandot
Sutherland/Pavarotti/Caballé/Ghiaurov
London Philharmonic Orchestra
Zubin Mehta
414 274-2
Decca (2 CDs) ADD

La Bohème
Freni/Pavarotti/Ghiaurov
Berliner Philharmoniker
Herbert von Karajan
421 049-2
Decca (2 CDs) ADD

ROSSINI

Petite Messe Solennelle
Freni/Pavarotti/Valentini/Raimondi
Coro Polifonico del Teatro alla Scala
Romano Gandolfi
SDD 567/8 EC
Decca TIS

Guglielmo Tell
Pavarotti/Freni/Milnes
National Philharmonic Orchestra
Riccardo Chailly
417 154-2
Decca (4 CDs) ADD

Stabat Mater
Lorengar/Minton/Pavarotti/Sotin
London Symphony Orchestra and Chorus
István Kertész
417 766-2
Decca ADD

RICHARD STRAUSS

Der Rosenkavalier
Pavarotti/Crespin/Jungwirth/Minton
Wiener Philharmoniker
Sir Georg Solti
417 493-2
Decca (3 CDs) ADD

VERDI

Un Ballo in Maschera
Tebaldi/Milnes/Resnik/
Pavarotti/Donath
Chor und Orchester der
Accademia di Santa Cecilia,
Rom
Bruno Bartoletti
SET 484/6 GF
Decca TIS

Un Ballo in Maschera
Pavarotti/M. Price/Bruson
National Philharmonic
Orchestra
Sir Georg Solti
410 210-2
Decca (2 CDs) DDD

Luisa Miller
Caballé/Pavarotti/Milnes
National Philharmonic
Orchestra
Peter Maag
417 420-2
Decca (2 CDs) ADD

Macbeth
Souliotis/Fischer-Dieskau/
Pavarotti/Chiaurov
Ambrosian Opera Chorus
London Philharmonic
Orchestra
Lamberto Gardelli
SET 510/2 GF
Decca TIS

Rigoletto
Sutherland/Pavarotti/
Milnes/Talvela
London Symphony Orchestra
Richard Bonynge
414 269-2
Decca (2 CDs) ADD

Scenes and Arias
421 303-2 D A
Decca ADD

Rigoletto
Anderson/Pavarotti/Nucci/
Ghiaurov/Verrett
Orchestra e Coro del Teatro
Comunale di Bologna
Riccardo Chailly
425 864-2
London (2 CDs) DDD

La Traviata
Sutherland/Pavarotti/
Manuguerra
National Philharmonic
Orchestra
Richard Bonynge
410 154-2
Decca (3 CDs) DDD

Highlights
400 057-2 D H
Decca DDD

Il Trovatore
Sutherland/Horne/Pavarotti
National Philharmonic
Orchestra
Richard Bonynge
417 137-2
Decca (2 CDs) ADD

Scenes and Arias
421 310-2
Decca ADD

Aida
Chiara/Dimitrova/Pavarotti/
Nucci/ Burchuladze
Orchestra e Coro del Teatro
alla Scala
Lorin Maazel
417 439-2
Decca (3 CDs) DDD

Ernani
Sutherland/Pavarotti/Nucci/
Burchuladze
Orchestra & Chorus of the
Welsh National Opera
Richard Bonynge
421 412-2
Decca (3 CDs) DDD

Requiem
Sutherland/Horne/
Pavarotti/Talvela
Wiener Philharmoniker
Sir Georg Solti
411 944-2
Decca (2 CDs) ADD

Messa da Requiem
Studer/Zajic/
Pavarotti/Ramey
Chor und Orchester
des Teatro alla Scala
Riccardo Muti
EMI CDS 49 390 2

Verdi Arias
Aida; Rigoletto; Il Trovatore;
Un Ballo in Maschera;
La Traviata etc.
Luciano Pavarotti
with various orchestras and
conductors
417 570-2
Decca DDD/ADD

RECITALS – SAMMELPROGRAMME

Luciano Pavarotti:

Anniversary Album
La Bohème; Andrea Chénier;
La Traviata; Pagliacci; Un Ballo
in Maschera; Mefistofele;
Guglielmo Tell; Tosca;
Cavalleria Rusticana
Luciano Pavarotti
with various orchestras and
conductors
417 362-2
Decca DDD/ADD

Donizetti Arien
La Fille du Régiment;
L'Elisir d'amore; La Favorita;
Il Duca d'Alba; Dom Sébastien;
Don Pasquale; Maria Stuarda;
Lucia di Lammermoor
Luciano Pavarotti
with various orchestras and
conductors
417 638-2
Decca ADD

The Essential Pavarotti
Rigoletto; La Bohème; Tosca; Turandot; L'Elisir d'amore; Caruso; Mattinata; Volare; O sole mio etc.
Luciano Pavarotti
430 210-2
Decca AAD/ADD/DDD

Favourite Tenor Arias
Pagliacci; Carmen; La Bohème; Rigoletto; Tosca; Faust; Turandot; Il Trovatore
Luciano Pavarotti
with various orchestras and conductors
400 053-2
Decca ADD

Gala Concert at the Royal Albert Hall
Tosca; Macbeth; I Lombardi; Luisa Miller; Turandot etc.
Luciano Pavarotti
Royal Philharmonic Orchestra
Kurt Herbert Adler
414 608-2
Decca DDD

Pavarotti at Carnegie Hall
Scarlatti, Schubert, Verdi, Liszt, Tosti, Donizetti, Mascagni etc.
Luciano Pavarotti
John Wustman
421 526-2
Decca DDD

Pavarotti in concert
Songs by Händel, Bellini, Rossini, Respighi, Tosti etc.
Luciano Pavarotti
Orchestra del Teatro Comunale di Bologna
Richard Bonynge
417 006-2
Decca ADD

Tutto Pavarotti
Caruso, O sole mio, Passione, Mamma, O Holy Night, Celeste, Aida, Una furtiva lagrima, Di quella pira, La donna è mobile, M'appari, O paradiso, Vesti la giubba, Che gelida manina etc.
Luciano Pavarotti
425 681-2
Decca DDD/ADD

Verdi Arien
Aida; Rigoletto; Il Trovatore; Un Ballo in Maschera; La Traviata etc.
Luciano Pavarotti
with various orchestras and conductors
417 570-2
Decca DDD/ADD

Verismo Arien
Mefistofele; Andrea Chenier; Manon Lescaut etc.
Luciano Pavarotti
National Philharmonic Orchestra
Oliviero de Fabritiis/Riccardo Chailly
400 083-2
Decca DDD

Pavarotti/Freni:

Pavarotti/Freni »live«
La Traviata; Werther; La Gioconda; L'Amico Fritz; L'Elisir d'amore; I Vespri Siciliani; L'Africana etc.
Mirella Freni
Luciano Pavarotti
Orchestra dell'Ater
Leone Magiera
421 862-2
Decca ADD

Arien & Duette
La Bohème; Tosca; Guglielmo Tell; Mefistofele
Mirella Freni
Luciano Pavarotti
421 878-2
Decca ADD/DDD

Pavarotti/Ricciarelli:

Pavarotti/Ricciarelli »live«
La Traviata; Aida; Macbeth; La forza del destino; I Lombardi; Il Corsaro; Falstaff; Otello
Katia Ricciarelli
Luciano Pavarotti
Orchestra del Teatro Regio di Palma
Giuseppe Patanè
421 863-2
Decca ADD

Pavarotti and Levine in Recital
Arias & Songs by Mozart, Rossini, Bellini, Verdi, Massenet, Respighi, Puccini etc.
Luciano Pavarotti
James Levine (Piano)
VHS (PAL): 071 119-3
Laser Disc (PAL: 1 disc/2 sides): 071 119-1
Decca DDD

Carreras/Domingo/Pavarotti:

In Concert – Recorded
»live« in Rome, 7 July 1990
Arias and Songs with
specially arranged Medley
Orchestra del Maggio Musicale
Fiorentino & Orchestra del
Teatro dell Opera di Roma
Zubin Mehta
CD/LP/MC: 430 433-2/-1/-4
VHS (PAL): 071 123-3
Laser Disc (PAL: 1 disc/2 sides):
071 123-1
Decca DDD

Sutherland/Horne/Pavarotti:

Live from Lincoln Center
Ernani; Norma; La Gioconda;
Otello; Il Trovatore
Joan Sutherland/
Marilyn Horne/
Luciano Pavarotti
New York City Opera Orchestra
Richard Bonynge
417 587-2
Decca DDD

Sutherland/Pavarotti:

Operatic Duets
La Traviata; Aida; Otello etc.
Joan Sutherland/
Luciano Pavarotti
National Philharmonic
Orchestra
Richard Bonynge
400 058-2
Decca ADD

Operatic Duets
Lucia di Lammermoor;
Rigoletto;
L'Elisir d'amore;
Maria Stuarda;
La Fille du Régiment; I Puritani
Joan Sutherland/
Luciano Pavarotti
various orchestras
Richard Bonynge
417 815-2
Decca ADD

Primo Tenore
Guglielmo Tell; I Puritani;
Don Pasquale; Mefistofele;
Il Trovatore; La Gioconda etc.
Luciano Pavarotti
Wiener Opernorchester und -
chor
New Philharmonia Orchestra
417 713-2
Decca ADD

The Pavarotti Edition
Arias
Special boxed set containing
4 CDs – »Donizetti Arias«,
»Verdi Arias« and Operatic
Arias by other Composers
Luciano Pavarotti
421 122-2
Decca (4 CDs) DDD/ADD

Greatest Hits
Turandot; Tosca; Carmen; Rigoletto; Aida; Il Trovatore; Faust etc.
Luciano Pavarotti
with various orchestras and conductors
417 011-2
Decca (2 CDs) ADD

Mamma
16 populäre italienische Lieder
Luciano Pavarotti
Henry Mancini
411 959-2
Decca DDD

O sole mio
Favourite Neapolitan Songs
Luciano Pavarotti
410 015-2
Decca ADD

O Holy Night
Popular Christmas Songs; Cantique de Noël; Panis Angelicus; Ava Maria etc.
Luciano Pavarotti
National Philharmonic Orchestra
Kurt Herbert Adler
414 044-2
Decca ADD

Passione
Passione; Era de Maggio; Fenesta che Lucive; Chiove; Dicitencello Vuie; La Palummella; Voce'e notte etc.
Luciano Pavarotti
Orchestra del Teatro Comunale di Bologna
Giancarlo Chiaramello
417 117-2
Decca DDD

Volare
Popular Italian Songs
Luciano Pavarotti
Henry Mancini
421 052-2
Decca DDD

The Pavarotti Edition
Songs
Special boxed set containing the 4 CDs »Mamma«, »O sole mio«, »Mattinata« and »Passione«
Luciano Pavarotti
421 121-2
Decca (4 CDs) DDD/ADD
(BRD 8 35 771 ZC)

Mattinata
Italian Songs by Tosti, Rossini, Gluck, Donizetti, Bellini, Giordani etc.
Luciano Pavarotti
Philharmonia Orchestra
Piero Gamba
417 796-2
Decca ADD

Anmerkungen

Die Bücher und Aufsätze der Bibliographie sind numeriert. Ich zitiere die Nummern und Seitenzahlen, Jahrgänge und Monate.

VORWORT

1 23, S. 83
2 21

VOM RUHM

1 Zit. nach 15, S. 6
2 31, S. 271
3 43
4 33
5 31, S. 273
6 33
7 15, S. 7
8 Zit. nach 21, S. 118
9 28, S. 576
10 28, S. 576 ff.
11 45
12 15, S. 408 ff.
13 Ebd.
14 Ebd.
15 13, passim
16 21, S. 31
17 11, vgl. »Rezensentendämmerung«
18 14, S. 9
19 28, S. 559
20 Das Argument, daß der Kulturbetrieb – vor allem hierzulande – subventioniert ist, während der Sportler vom freien Markt profitiere, ist wenig triftig. Beide, der Kulturbetrieb wie das Sportle-

ben, sind in den Wirtschaftsprozeß eingebunden. Ein Sportler kann einen sogenannten Sponsorenvertrag in Millionenhöhe nur bekommen, wenn er als Werbeträger mittels des Fernsehens Millionen Konsumenten erreicht, ganz abgesehen davon, daß die Sender die horrenden Honorare auch von den Gebühren derer zahlen, denen der Sport herzlich gleichgültig ist. Es mag der Steuerzahler sein, der für die Theater zahlt – aber er ist zugleich die Gans, die von der Amüsier-, der Freizeit-, der Sportindustrie zur Kasse gebeten wird.

21 23, S. 41

22 Pavarotti hat in Interviews viel ausführlicher als in seinem Buch erzählt, daß er die Aufnahmen seiner Kollegen systematisch studiert, vor allem mit Blick auf ihre Lösungen stilistischer und technischer Probleme. Mit Imitation von Vorbildern hat dies nichts zu tun. Walter Legge hat berichtet, daß er Elisabeth Schwarzkopf zu einer *gazza ladra,* einer »diebischen Elster«, des Singens förmlich erzogen habe.

23 Diese Anekdote ist geradezu ein Topos in vielen Geschichten des Singens. Sie wird u. a. auch von Henderson, in 13, angedeutet.

24 21, S. 56

25 21, S. 58

26 21, S. 74

27 55, 8/67

28 55, 5/68

29 23, S. 85

30 James Joyce war ein glühender Verehrer des Tenors John O'Sullivan und versuchte, diesen Sänger auf Kosten von Giacomo Lauri-Volpi zu loben. Michael Scott zitiert die von Joyce gezählte absurde Zahl hoher Noten – wenn es denn nicht eine Unzahl absurder Noten ist – im zweiten Band von *The Record of Singing.*

31 45

32 34

33 21, S. 102

34 33

35 28, Bd. I, S. 221

36 Do-re-mi-fa lautet der Beginn der Tonleiter im Italienischen. Den faulen Witz mit dem Innuendo leistete sich das Magazin der *New York Times* am 12. 2. 1978. Der Autor, Stephen E. Rubin, setzte sich allerdings mit dem Thema, ob es einen Grund für das große Gewicht vieler Sänger gebe, sachlich auseinander.

37 46

38 Zit. nach 52, Frühjahr 1986. Das in New York edierte Blatt *Opera Fanatic* ist offenbar die Arbeit eines einzigen Mannes, der ein *maniac* zu sein scheint: Stefan Zucker.

39 Pavarotti war von Beginn seiner Karriere an mit einer heute selten gewordenen Vertragstreue Künstler der Decca. Nur zu Beginn seiner Karriere hat er für EMI Mascagnis *L'Amico Fritz* aufgenommen. 1989 konnte er unter Riccardo Muti den Tenorpart in Verdis *Messa da Requiem* singen, ohne daß das künstlerische Resultat die behauptete »Sensation« deckte, und 1990 erschien die Aufnahme der Donizetti-*buffa* unter James Levine, der, wie Kathleen Battle, zu den Künstlern der DG gehört.

40 37

41 31, S. 275 f.

42 15

43 Ebd., S. 18 ff.

44 Ebd.

45 21, S. 133. Über solche Konzerte – die einfach nicht mehr à la mode sind – wird hierzulande durchweg im Tonfall der Verachtung geschrieben. Sänger werden auf die sogenannte Seriosität verpflichtet, die sich z. B. daran ablesen lasse, daß sie die *Winterreise* singen; und dies geschieht in einer Gesellschaft, welche die narzißtischen Inszenierungen von dem, was »Leute« genannt wird, zur publizistischen Alltagsspeise gemacht hat. Der Verfasser vermag nicht einzusehen, daß ein Sänger seine ureigene Kunst, die des Singens, nicht zum Objekt eines Konzertes machen darf – vorausgesetzt, es handelt sich um eine Kunst.

46 21. Diese Episode findet sich nicht nur bei Mayer, Pavarotti hat sie oftmals erzählt, und es fällt schwer zu unterscheiden, ob sie stimmt oder ob er sie vorbringt, weil sie so stimmig und wahrscheinlich ist.

47 23, vgl. den Abschnitt »Managing Pavarotti«. Breslins Argument ist, gleichsam auf erster Ebene, sehr einleuchtend: Ließe sich ein begabter Künstler allein mit den Methoden von Management und Marketing zu einem Star aufbauen, gäbe es noch mehr Stars, als tagtäglich behauptet wird. Außer Betracht bleibt in dieser Argumentation, daß andere als die eigentlichen künstlerischen Qualitäten immer wichtiger werden: im Fall Pavarotti also die Mischung aus John Falstaff und Gondoliere, von Entertainer und *happy-go-lucky,* von Clown und *latin lover,* von ... wie schreiben die Magazine: Überlebensgroß Big P.

48 Jean-Pierre Ponnelle hat Verdis *Rigoletto* mit Pavarotti, Edita Gruberova und Ingvar Wixell fürs Fernsehen inszeniert. Aus der Einsicht, daß Pavarotti nicht beweglich ist, hat er ihn, z. B. in der ersten Szene, bewegt, hat ihn wie einen Cäsaren in einem Triumphwagen durch das Fest gefahren. In all den Szenen, da der Herzog von Gefühlen singt, zeigt er den Sänger in seinem Mimus – und der Verfasser steht nicht an, Pavarotti in dieser Beziehung eine suggestive Wirkung zuzugestehen. Er agiert in diesem Film sowohl mit der Stimme als auch mit seinem lebendigen, anmutigen, gewinnenden Mienenspiel.

49 Ernst Bloch spricht von einem Klang, der leibhaftigen Ursprungs ist, also nicht durch ein Instrument und schon gar nicht technisch vermittelt. Es gehört zu den schönsten Eindrücken des Hörens, wenn man von einer musikalisch geführten Stimme wirklich berührt wird, wenn man ihre Ausladung dergestalt erleben kann, daß man physisch-psychisch überwältigt wird. Bei der technischen Amplifikation hingegen setzt eine physiologische Wirkung ein, der man sich nicht zu entziehen vermag – für den sensiblen Hörer eine eher ärgerliche Einsicht.

50 21. Martin Mayer hat dies im letzten Kapitel seines in vielen Belangen exzellenten Essays über Pavarotti *en détail* geschildert. Befremdlich einzig und allein der apologetische Ton, mit dem der Autor meint, rechtfertigen zu müssen, was seine Kollegen und wohl auch er selbst nicht rechtfertigen können: den Transfer des Künstlers und des Singens auf die Kulturkirmes.

51 Der Verfasser übernimmt mit dem Wort Gebrauchsmythos einen Gedanken von Roland Barthes: daß nämlich die Mythisierungen des Alltags dem Gegenstand – hier dem Künstler – seine Geschichte, seine Individualität rauben.

52 11, vgl. »Rezensentendämmerung«

DIE STIMME DES TENORS

1 2, S. 56

2 Zit. nach 39

3 Ebd. Es sei zur Erklärung hinzugefügt, daß mit dem Wort Koloratur nicht nur eine Laufpassage gemeint war, sondern das Färben einer Phrase – eben eine Kolorierung durch eine sängerische Formel.

4 Ebd. Das Wort Mimesis bedeutet die nachahmende Darstellung der Wirklichkeit. Diese Art der »unmittelbaren« Darstellung von Affekten gehört zum Anspruch der sogenannten realistischen Oper: eigentlich eine *Contradictio in adjecto*.

5 Pavarotti im Gespräch mit dem Verfasser

6 Im Gespräch mit dem Verfasser

7 32

8 Pavarotti im Gespräch mit dem Verfasser. Mit der gleichlautenden Anmerkung beginnt Martin Mayer seinen Essay. Hier zeigt sich, daß man als Fragender in Interviews bei den Stars unserer Zeit praktisch ohne Chance ist: Jede Frage ist schon einmal gestellt worden und wird so sicher beantwortet, wie die Stars ihre Kadenzen singen.

9 19, vgl. die Skizze über den Tenor

10 45

11 19, Abschnitt über den Tenor

12 45

13 16, Abschnitt über Anselmi

14 Diese Geschichte ist, wenn nicht wahr, so doch glänzend erfunden, und sie findet sich in allen Büchern über Caruso.

15 12. Das ganze Buch kreist um das Phänomen eines Singens, das gleichsam in den Mythos des steineerweichenden Orpheus zurückkehrt: um die Wirkung einer androgynen Stimme, in der das männliche und weibliche Moment zur Synthese gelangen.

16 Glareanus, recte Heinrich Glarean (1488–1563), war Musiktheoretiker, Geograph, Humanist und Poet. Mit dem *Dodecachordon* hinterließ er eine der frühesten musikalischen Ästhetiken, die auf die Musik der Renaissance größte Wirkung hatte. Das Buch ist eine Mischung aus musikalischer Anthologie, Lehrschrift, Grundlage für die Biographik – ein Kosmos.

17 Falsett (von *falso* = falsch) ist ein oft diskutierter und umstrittener Begriff, zumal ein Falsett-Ton für den nicht versierten Hörer allzu leicht mit einem Fistelton zu verwechseln ist. Den letzteren kennt man aus der Arie des Figaro aus Rossinis *Il Barbiere di Siviglia* und insonderheit von deutschen Interpreten, die bei der Wortrepetition von »Figaro, Figaro« kadenzierend auf das hohe C steigen. Der Effekt wird meist mit einem Lachen belohnt, aber weil auch solche Gefühlsreaktionen ihren Ton haben, ist spürbar, daß es ein verlegenes Lachen ob eines *effeminierten* Effektes ist. Das echte Falsett gehört, wie bei Franziska Martienßen-Lohmann ausgeführt, zu den Kopfstimmen-Funktionen der Tenor-

stimme und vor allem zum *piano*-Singen. Deutlicher als jede technisch-theoretische Beschreibung geben die Aufnahmen von Fernando de Lucia und Mattia Battistini einen deutlichen Eindruck von einem perfekt in die sängerische Dynamik integrierten *falsetto,* vor allem dann, wenn die Sänger in langen *legato*-Linien auf hoch liegende Zielnoten zusteuern und die Flexibilität zeigen, bei den dynamischen Gradierungen zwischen *piano* und *pianissimo* sorgsam zu differenzieren, wobei man nicht den Eindruck hat, daß ein *diminuendo* einhergeht mit einem Verlust an Klang oder gar, wie oft bei Pavarotti, mit einer Reduktion in einen matten, dumpfen, körperlos-passiven Ton.

18 24. Das Buch von Henry Pleasants ist von unschätzbarem Wert. In ihm verbindet der Autor, selbst ein Sänger, die Zeugnisse von drei Jahrhunderten zu einem Panorama des Singens aus einer Zeit, in der es noch keine akustischen Dokumente gab. Ob die Autoren – Stendhal, Musset, Heine, Burney, Chorley – deshalb ein verbales Instrumentarium entwickelten, bei dem man lesend zu hören meint?

19 In unserer Zeit war es wohl Benjamin Britten, der die Partie des Oberon einem Counter-Tenor – dem von Alfred Deller – anvertraute. Sir Michael Tippett rühmte den Klang von Dellers Stimme als Ausdruck reinster Musikalität. Vgl. den Abschnitt über Deller bei Kesting: *Die großen Sänger* (Bibliographie: 16).

20 Interessant die Apotheose im Buch Stendhals auf Velluti – und die Kritik an Rossini, der, verärgert über die Verzierungslust seines Sängers, fortan seine Partien genau ausschrieb und dadurch, so die Ansicht des Schriftstellers, die sängerische Spontaneität tötete.

21 7, S. 63–65

22 Wann das Wort zum erstenmal gebraucht wurde, ist schwer auszumachen – auf jeden Fall ist der Begriff ein Epitaph. Angewendet wurde er vermutlich zuerst auf Adelina Patti.

23 Angelo Maria Amorevoli wurde 1716 in Venedig geboren, sang in Werken Porporas und Hasses und wurde von Burney enthusiastisch gelobt. Ausführlicher dazu: Stefan Zucker, »Heroes on the Rise« (Bibliographie: 47).

24 30.

25 Vgl. 47

26 Vgl. 47

27 Vgl. 47

28 24, Abschnitt über Donzelli

29 25, Einleitungskapitel. Mario Praz beschreibt hier eine Ästhetik oder ein Lebensgefühl des *being happy to be unhappy*. Die opernliterarischen Vorbilder wurden von Maria Callas aktualisiert. Vgl. Bibliographie: 17, Einleitungskapitel.
30 10. In seinem Essay bezeichnet Dahlhaus die »Verbrämung« als das innerste Wesen von Rossinis Musik.
31 Zit. nach 24, Abschnitt über Rubini, S. 132 ff.
32 Ebd.
33 Ebd., S. 161 ff.
34 Ebd.
35 Ebd.
36 48
37 48. Unter diesem Titel erschien eine Platte, bei welcher der Verfasser auch nach mehrmaligem Hören nicht zu sagen weiß, ob es sich um eine ernstgemeinte Anstrengung handelt oder um eine unfreiwillige Parodie à la »The Glory of the Human Voice« mit F. F. Jenkins.
38 48. Zuckers Artikel befaßt sich *in extenso* mit der Entwicklung der Tenorstimme zwischen 1770 bis 1840. Ähnlich Pleasants (Bibliographie: 24).
39 Vgl. 22, Abschnitt über Armida
40 Unter einer hybriden Rolle versteht man gemeinhin eine Partie mit den Anforderungen, die sonst nur an Fachspezialisten gestellt werden – etwa den »großen Ton« und die Koloratur.
41 24, Abschnitt über Duprez, S. 165 ff.
42 13, S. 221
43 24, S. 171
44 In seinen Briefen beklagte Verdi, daß Tamagno nur laut singe, und George Bernard Shaw sprach von *magnificent screaming*. Das deutet in erster Linie darauf hin, daß sowohl der Komponist als auch der Kritiker an eine andere Tonbildung gewohnt waren.
45 Die Aufnahmen von Tamagno erinnern an einen *tenore robusto*, der allerdings klanglich bei weitem nicht so »breit«, so voluminös gesungen hat wie Mario del Monaco. Vielmehr gibt es bei Tamagno viele lyrische und empfindsame Phrasierungen. Will sagen: Die kritischen Zeugnisse sind *auch* als Ausdruck des Zeitgeschmacks zu lesen.
46 24, Abschnitt über Tamagno, S. 252 ff.
47 Anders als Tamagno produzieren die Tenöre, die von der Ästhetik des *verismo* geprägt waren und sind, einen eher breiten, vol-

len Ton mit der roh in die Höhe gepreßten Bruststimme. Das geht einher mit dem Verlust an Farbe und Beweglichkeit – an Tonschönheit überhaupt.

48 Vgl. 16, »Toscanini und die Folgen«. Es würde zu weit führen, in diesem Zusammenhang auch auf die ersten Interpreten Richard Wagners einzugehen: auf Joseph Alois Tichatschek (1807 bis 1886), der ein idealer Rienzi war (was für die Qualität seiner *italienischen* Ausbildung spricht) und ein nicht ganz so überzeugender Tannhäuser, der eher wohl mit dem Namen Albert Niemann (1831–1917) verbunden ist, der auch der erste Siegmund war; oder auf den wunderbaren Ludwig Schnorr von Carolsfeld (1836–1865), den der Komponist 1862 zum erstenmal als Lohengrin gehört und in dem er 1865 seinen ersten und offenbar grandiosen Tristan gefunden hatte – und der mit 29 Jahren verstarb, unmittelbar vor einer geplanten Aufführung des *Don Giovanni* (als Ottavio!). Hinzuweisen ist aber auf einen für das Singen eminent wichtigen Sachverhalt. Wagner nahm, und nicht anders sein italienischer Zeitgenosse Verdi, keinerlei Rücksicht auf die individuellen Möglichkeiten der Sänger – die Idee, einem Sänger Arien zu schneidern wie jenes »gutgefertigte Kleid«, von dem Mozart sprach, wäre ihm ridikül erschienen. Der berühmte Brief an Albert Niemann vor der Pariser Aufführung des *Tannhäuser* vom 21. 2. 1864 zeigt, daß allmählich mit dem Primat des Sängers gebrochen wurde zugunsten einer allein vom Komponisten diktierten Konzeption oder Werkgestalt. Damit begann jene »Diktatur des Taktstocks«, die Verdi als schlimmer befand denn die »Willkür des Primadonnen-Rondos« – eine Willkür, die sich latent im fetischistischen Begriff der Werktreue entfaltet.

49 Vgl. 16, über Maurel und de Lucia

50 Sämtliche Mapleson-Zylinder sind inzwischen überspielt worden; wegen der technischen Qualität der Aufnahmen sind die Platten, die über die Metropolitan Opera zu beziehen sind, allerdings nur für Historiker des Singens relevant. Die Aufnahmen des Tenors geben allenfalls eine Ahnung von der Manier seines Singens, besagen aber nichts über den Klang der Stimme.

51 13, S. 335 f.

52 13, S. 303 ff.

53 Celletti hat Gigli in der großen EMI-Edition mit Nachdruck gegen die vielen Vorwürfe vor allem der angelsächsischen Kritik, welcher der Verfasser sich anschließt (vgl. Abschnitt über Gigli, 16), verteidigt.

54 16. Abschnitt über Björling. Der Verfasser sieht in Björling einen Interpreten, der seine Partien nicht mehr emphatisch, sondern distanziert gesungen hat – aus der Perspektive eines Interpreten im *post-histoire* der Oper.

55 Pavarotti hat wiederholt gesagt, es habe, als er begann, dreißig bessere Tenöre gegeben als ihn. Das ist kokett und nicht unwahr – wahr ist aber auch, daß er durchweg lebendiger und suggestiver singt als die Genannten.

56 8, S. 212

57 39

58 Valletti hatte eine relativ kurze Opernkarriere. Seine Aufnahmen, durchweg bei Cetra, zeigen aber, wie ein Sänger mit einer leichten Stimme agieren kann.

59 Solch suggestive Portraits finden wir weniger bei den typischen italienischen Tenören als bei Jon Vickers (Peter Grimes, Aeneas, Tristan, Otello), bei Peter Pears (Gustav von Aschenbach), Nicolai Gedda (Hoffmann, Werther, Cellini, Dimitri) oder Wolfgang Windgassen (Tannhäuser, Tristan).

60 Pavarotti sagte dies in Gesprächen mit dem Verfasser.

61 39

62 Vgl. Wilfrid Mellers: *Musik und Gesellschaft.* Frankfurt 1964, 1965

63 Decca-Album

64 Decca-Album mit Marilyn Horne

65 Vgl. 18. Kolodins Chronik weist mehrmals darauf hin, daß sich lyrische Tenöre an der Met mit den *spintos* zu messen versucht und dabei ausgesungen haben.

66 Beispiele sind Recitals mit russischen Arien, vor allem die Arie des Sobinin aus Glinkas *Das Leben für den Zaren.* Gedda operiert mit der *voix mixte* in fast allen seinen Platten aus dem französischen Repertoire.

67 19, vgl. den Abschnitt über die Koloratur

68 Die *aria d'urlo* ist die »Arie mit dem Schrei«. Mascagni verlangte in seinen späteren Opern nach einer Stimme, »die schreit, schreit, schreit«. Er war, offenbar, erfolgreich – bei der Vernichtung von Stimmen.

69 Über diese stereotyp gebrauchten und unsinnigen Floskeln ließe sich ein langer Essay schreiben – über die Vorurteile und die Ignoranz von Kritikern, welche Sänger ob ihrer schönsten Tugenden traktieren.

70 19, Abschnitt über Koloratur

DAS SINGENDE EROTIKON

1 3, S. 206 f.
2 13, S. 6
3 Diese Kritik wurde nicht nur von Theodor W. Adorno in »Die Meisterschaft des Maestro« und in diversen Miszellen vorgetragen, sondern auch von Kritikern wie Virgil Thompson und von modernen amerikanischen Komponisten. Der junge amerikanische Kritiker Joseph Horowitz hat die Auswirkung des technokratischen Musizier-Ideals und der Steuerung des Musiklebens durch das Starprinzip in seinem Buch *Understanding Toscanini* (Bibliographie: 15) zusammengefaßt. Die Auswirkungen eines – formelhaft gesagt – metronomisch zügigen anstelle eines rhythmisch (durch das *rubato*) variierten Musizierens auf die Kunst des Singens sind erheblich. Es geriet durch die »Mechanisierung« des Tempos unter den »Chronos der Realzeit« (Igor Strawinsky). Diese musikalische Entwicklung, die ihre Parallele in allen möglichen anderen Geschwindigkeitsräuschen findet, konvergiert mit der Erfindung der Schallplatte – der Zeitmaschine, deren inneres Gesetz wohl auch vom Chronos der Realzeit bestimmt ist. Mit anderen Worten: Das *tempo rubato* wirkt auf der Schallplatte anders als im Konzertsaal, dem Ort der Erlebniszeit.
4 Unter dem Titel »Orchesterschläge von zermalmender Wucht« stand eine Rezension von Gerhard R. Koch in der *Frankfurter Allgemeinen Zeitung* über ein Konzert des Chicago Symphony Orchestra, gegeben während einer Tournee 1970.
5 Virtuosität bedeutet ursprünglich ja wohl die Tugend der Tüchtigkeit. Daß der Begriff heute durchweg in einem pejorativen Sinne gebraucht wird, ist einerseits aus der Kritik bürgerlicher Sekundärtugenden zu begreifen, andererseits spricht daraus der Neid jener, denen die Trauben zu hoch hängen.
6 Vgl. hierzu die fünfzehn kurzen Kapitel »The Art of the Singer« in William James Hendersons unschätzbarem Buch (Bibliographie: 13). Will Crutchfield hat die gleichen Gedanken in Form einer Fallstudie anhand der Aufnahmen von Fernando de Lucia und Mattia Battistini vorgetragen (Bibliographie: 36).
7 36
8 Ebd. Vergleicht man die Aufnahmen von Rossinis *Il Barbiere di Siviglia,* auf die Will Crutchfield sich bezieht – die unter Alceo

Galliera und Claudio Abbado –, miteinander, so zeigt sich, daß die erstere theatralischer und in einzelnen Darstellungen der Charaktere lebendiger ist. Allein Maria Callas aber ist es, die dank ihrer technisch-virtuosen Fähigkeit über *sängerische* Freiheit gebietet, einen Charakter darzustellen. Die Aufnahme von Claudio Abbado wirkt orchestral perfekt, doch ist es die Perfektion des Funktionierens, und wenn im Finale der Teilchenbeschleuniger des Rossini-*crescendo* in Gang gesetzt wird, läuft das auf bloße Mechanik hinaus. Die Sänger in dieser Aufnahme sind in das Prokrustesbett des Metrums eingespannt – und sieht man einmal von Teresa Berganza ab, sind die Darstellungen völlig leblos, gerade weil sich die Herren Prey und Montarsolo, mit vokalen Gesten chargierend, um Ausdruck bemühen, der allein aus den Nuancen der virtuosen Vokalität zu entwickeln ist.

9 Vielleicht läßt sich das Problem aus historischer Perspektive leichter lösen: Maria Callas hatte in den fünfziger Jahren für eine emphatische Aktualisierung – Nietzsches Begriff wäre der der monumentalen Historie – des romantischen Repertoires gesorgt. Joan Sutherland betrieb hingegen so etwas wie eine antiquarische Historie und restaurierte die alte Formensprache des Singens. Ihr folgten Horne, Caballé, Sills und, in den achtziger Jahren, eine Heerschar junger Interpretinnen und Interpreten. Wenn es in Rezensionen deutlich abwertend heißt, daß sie sich »stärker dem Ziergesang verpflichtet haben«, so wäre als Gegenfrage zu stellen: »Wem sonst hätten diese Sänger sich denn verpflichten sollen?« Der Zierat gehört zu den Vokalpartien Händels und Rossinis wie die Pyrotechnik zu den Werken Paganinis oder die Arabesken zu den Nocturnes von Chopin.

10 8, S. 213

11 23, S. 67 ff.

12 21, S. 70 ff.

13 Ebd.

14 Ebd.

15 Bei dieser Art des Atmens wird, wie ein jeder leicht selbst überprüfen kann, der Magen gleichsam herausgeschoben. Nun dürfen die modernen Frauen, wie Martin Mayer in seinem Essay über Pavarotti schreibt (Bibliographie: 21), sowenig einen runden Leib haben, wie die viktorianischen Damen Beine haben durften. Mit einem Wort, das moderne Schönheitsideal steht den atemtechnischen Notwendigkeiten im Wege. Joan Sutherland hat darauf keinerlei Rücksicht genommen – ihr war das Singen

wichtiger als die Taille der Taglioni, die sich Maria Callas erfastete.

16 Subjektiv ist der Sänger durchaus zu verstehen. Objektiv spricht seine Aussage für die ästhetische Korrumpiertheit des Opernbetriebs, der keinerlei Korrektive mehr kennt – und schon gar nicht von seiten der Kritik. Wie lang ist es her, daß ein William James Henderson schrieb: »Einige wenige Sängerinnen vom Typ Melba richteten in einem Jahr mehr Unheil an, als zwei oder drei Sembrichs und Lehmanns in sechs Jahren beheben könnten«? Wer, fragte Hnderson, ist verantwortlich dafür, daß das Publikum sowenig unterscheidungsfähig ist? Nicht das Publikum hat von Caruso verlangt, den Canio darzustellen, wie er ihn darstellte; nicht von Lotte Lehmann oder Elisabeth Schwarzkopf bis dahin unerhörte Sublimierung bei der Darstellung der Marschallin erwartet; nicht von Maria Callas die dramatische Belebung der Norma oder die stilistische Differenzierung der frühen Verdi-Rollen (Leonora) erhofft. Der Künstler bildet den Geschmack des Publikums. Heute aber verteidigen gerade die künstlerisch Verantwortlichen – Intendanten, Agenten und Regisseure – die Umwandlung des Musiklebens in eine Art von Amüsierbetrieb.

17 Kommentar zu Decca SAD 22 041

18 55, 7/1990

19 29, S. 460

20 4, Bd. III, Abschnitt über *Messa da Requiem*

21 Vgl. 20. In den Interviews bekennen sich z. B. José Carreras oder auch Plácido Domingo zu einer sängerischen Technik, die sie selbst kaum je anwenden.

22 9, vgl. Anmerkungen zur Diskographie

23 13, vgl. die beiden Abschnitte über »Style and Recitative« und »The Lyric in Style«

24 Ebd.

25 Sir Francesco Paolo Tosti (1846–1916) wirkte eine Zeitlang als Gesangslehrer des englischen Hofes. Er war in seinem *cantabile*-Stil der alten Schule verpflichtet, und er schrieb seine Lieder vor allem für die viktorianischen Salons.

26 Volker Wacker in der *Neuen Zeitschrift für Musik*, 9/1989

27 Susanne Benda: »Die Wogen des Meeres«. In: *Hannoversche Allgemeine*

28 54, 12/1988. In diesem Beitrag ersetzen idiomatisch wirkende Klischees das Nachdenken und die Sachkenntnis. Der Hinweis

auf die *italianità* ist vage genug, bezieht sich aber doch wohl auf die Ausdrucksgestik des *verismo,* sicher nicht auf das, was Mozarts Sänger »eingebracht« haben. Zu Zeiten Mozart gab es einzig und allein *italienisch* geschulte Sänger, ob in London, München, Wien oder St. Petersburg. Was es sicher nicht gab, war *italianità,* sondern nur die reich entwickelte Formensprache des verzierten Singens. Auch der Verweis auf die sängerische Persönlichkeit ist nichts als die Bequemlichkeit, die auf die Beschreibung der technischen Ausführung verzichten zu können meint: Nicht mit Persönlichkeit singt einer »Fuor de mar«, sondern nur mit Technik.

29 47, Zucker zitiert auch Stendhal.

30 4, Bd. III, Abschnitt über *Guillaume Tell*

31 Ebd.

32 Schon früh in der Geschichte der Oper wurde zwischen der schönen und der guten Stimme unterschieden, und diese Polarisierung bestimmte auch die Kontroverse Callas–Tebaldi. Es dürfte wenige Hörer geben, die die Stimme Pavarottis klanglich nicht der Geddas vorziehen würden – und es dürfte schwerlich Kenner geben, die nicht des Schweden Vielseitigkeit und stilistische Überlegenheit anerkennen würden. Das mag zu einem scheinbaren Paradox führen: daß man mit einer »schlechteren« Stimme schöner singen kann als mit der sogenannten schönen.

33 Vgl. die Martinelli-Edition bei Preiser

34 Andrew Porter: »Bellinis Last Opera«. In: 55: 5/1960

35 50, 4/1981

36 4, Bd. II, S. 124

37 4, Bd. I, S. 1689

38 Das Wort kolorieren meint nicht nur das Färben der Stimme, sondern auch der melodischen Linie mit dem Mittel der »Koloratur«.

39 8, S. 199

40 4, Bd. 1, S. 175

41 17, S. 45

42 Bei dieser frühen Aufnahme konnte Caruso die Arie auf zwei Plattenseiten aufnehmen – war also nicht, wie sonst so oft, gezwungen, mit einer Spielzeit von rund drei Minuten auszukommen. Das verschaffte ihm die Möglichkeit, ein extrem langsames Tempo für das *larghetto* zu wählen und dabei nicht nur die einzelnen Phrasen lang und effektvoll auszusingen und *messa-di-voce*-Effekte anzubringen, sondern – durchaus angemessen für

ein *buffa* – die Ziernoten auf »suoi« und auf »che più cercando io vo« als Gesten vorzuführen, später, im zweiten Vers, auch auf »cor«. Nie wieder hat man den Ausruf »cielo« mit einer solch emphatischen Klangausladung bei absolut beherrschter Tongebung hören können, nie wieder das Zusammenspiel von *ritardando* und *diminuendo* effektvoller (bei: »si può morir«), nie den Koloraturlauf auf das A schwungvoller. Diese Aufnahme, von vielen Bewunderern Carusos als eine seiner besten, wenn nicht gar als die beste Platte angesehen, ist von Wolf Rosenberg allerdings wegen des freien *rubato* als stilistisch überholt, mithin als virtuoser Anachronismus kritisiert und im Namen der zweiten, geradlinigen Aufnahme von 1911 zurückgestuft worden. Das ist aus der Perspektive einer an Toscanini orientierten (Verdi-)Ästhetik verständlich, aber nur eben aus einem solchen Rigorismus, der das Singen in jene Krise gestürzt hat, die gerade Rosenberg als erster hierzulande bitter beklagte.

43 8, S. 202

44 49, 7/1986

45 Die Muti-Aufnahme zeigt deutlich, was geschieht, wenn Sänger gleichsam an die Kandare gelegt werden. Das Geschehen – aber nicht das Drama – findet im Orchester statt, und auf der Klangbühne bewegen sich Marionetten.

46 Dies die Argumentation von Ulrich Schreiber in der *HiFi Stereofonie* und in seinem *Klassikführer* (Karlsruhe 1979). Schreiber sagt zu Recht, daß in dieser Aufnahme der sensualistische Reiz dergestalt isoliert wird, daß die Musik »anrüchig« wirkt.

47 Dies ist ein Vorwurf, den auch andere Kritiker wie Osborne, Kenneth Furie, Harris und Crutchfield erhoben haben.

48 Vgl. 13, Abschnitt über Melba. Michael Aspinall hat in der Melba-Edition der EMI zahlreiche Aufnahmen der Sängerin unter diesem Gesichtspunkt analysiert (»The Ideal Voice of Song«).

49 51, 1977

50 Ebd.

51 4, Bd. III, S. 197

52 4, Bd. III, S. 234

Bibliographie

BÜCHER – ALLGEMEINE LITERATUR

1 Barthes, Roland: *Mythen des Alltags,* Ed. Suhrkamp, Band 82. Frankfurt a. M. 1964.
2 Berlioz, Hector: *Evenings with the Orchestra.* Chicago/London 1956.
3 Bloch, Ernst: *Zur Philosophie der Musik.* Frankfurt a. M. 1974.
4 Blyth, Alan (Hrsg.): *Opera on Record.* London 1979, 1983, 1984.
5 Budden, Julian: *The Operas of Verdi.* 3 Bde. London 1973, 1979, 1981.
6 Burney, Charles: *Musical Tours in Europe.* London 1973.
7 Calvé, Emma: *My Life.* New York 1902.
8 Celletti, Rodolfo: *Geschichte des Belcanto.* Kassel/Basel 1989.
9 Csampai, Attila (Hrsg.) *Idomeneo.* Reihe rororo-Opernbücher. Hamburg 1989.
10 Dahlhaus, Carl: *Die Musik des 19. Jahrhunderts.* Bd. 6 von: *Neues Handbuch der Musikwissenschaft.* Wiesbaden 1980.
11 Enzensberger, H. M.: *Mittelmaß und Wahn.* Frankfurt a. M. 1988.
12 Fernandez, Dominique: *Porporino oder Die Geheimnisse von Neapel.* Hamburg 1976.
13 Henderson, W. J.: *The Art of Singing.* New York 1938.
14 Heuer, Rolv: *Genie und Reichtum.* Gütersloh/Wien 1971.
15 Horowitz, Joseph: *Understanding Toscanini.* New York 1987.
16 Kesting, Jürgen: *Die großen Sänger.* Düsseldorf 1986.
17 Ders.: *Maria Callas.* Düsseldorf 1990.
18 Kolodin, Irving: *The Story of the Metropolitan Opera.* New York 1966.
19 Martienßen-Lohmann, F.: *Der Wissende Sänger. Ein Gesangslexikon in Skizzen.* Zürich/Freiburg 1966.
20 Matheopoulos, Helena: *Divo.* New York 1986.
21 Mayer, Martin: *Grandissimo Pavarotti. A Celebration of the Career of the World's Greatest Tenor on the Silver Anniversary of his Debut.* New York 1986.

22 Osborne, Richard: *Rossini*. London 1986.
23 Pavarotti, Luciano: *Pavarotti. My own Story*. With William Wright. New York 1981.
24 Pleasants, Henry: *The Great Singers*. New York, 2. rev. Auflage 1981.
25 Praz, Mario: *Liebe, Tod und Teufel. Die schwarze Romantik*. dtv 4375. München, 3. Aufl. 1988.
26 Rushmore, Robert: *The Singing Voice*. New York 1971.
27 Scott, Michael: *The Great Caruso*. New York 1988.
28 Sloterdijk, Peter: *Kritik der zynischen Vernunft*. 2 Bde. Ed. Suhrkamp. Frankfurt a. M. 1983.
29 Steane, John: *The Grand Tradition. Seventy Years of Singing on Record*. London 1974.
30 Stendhal: *Life of Rossini*. London 1970.
31 Umbach, Klaus: *Geldscheinsonate. Das Millionenspiel mit der Klassik*. Frankfurt a. M./Berlin 1990.

AUFSÄTZE – ZEITUNGSARTIKEL

32 Adorno, Theodor W.: »Über den Fetischcharakter in der Musik und die Regression des Hörens.« In: *Musikalische Schriften* I–IV. Frankfurt, 1976, 1978, 1982.
33 Anonym: »Opera's Golden Tenor«. In: *Time*, 24. 9. 1979.
34 Bonynge, Richard: »Bonynge on Bel Canto«. In: *Opera News*, 28. 2. 1976. Interview von Stephen Wadsworth.
35 Crutchfield, Will: »Authenticity in Verdi: The Recorded Legacy«. In: *Opera*, 8/1985.
36 Ders.: »Twin Glories. Fernando de Lucia und Mattiata Battistini«. In: *Opera News*, 12/1987 und 2/1988.
37 Ders.: »Pavarotti and Battle in Met ›Elisir‹«. In: *New York Times*, 23. 4. 1989.
38 Faria, Carlo: »A Cry of the Spirit. Bellini's Bel Canto in I Puritani«. In: *Opera News*, 28. 2. 1976.
39 Fontana, Luca: »Che bella voce«. In: *Transatlantik*.
40 Hiller, Carl H.: »Der Tenor in der italienischen Oper«. In: *Opernwelt*, 4/1982.
41 Jacobson, Robert: »Preferibilente Luciano«. In: *Opera News*, 2 Teile, Oktober 1976.
42 Kesting, Jürgen: »Tenore di grazia«. In: *Opernwelt*, 5/1972.

43 Koch, Gerhard R.: »Der kolossale Tenor«. In: *Frankfurter Allgemeine Zeitung*. 5. 2. 1985.
44 Osborne, Conrad L.: »Diary of a CavPag Madman«. In: *High Fidelity*. 1977.
45 Saal, Hubert: »The Great Pavarotti«. In: *Newsweek*. 15. 3. 1976.
46 Walsh, Michael: »What Price Pavarotti Inc.?« In: *Time*, 30. 11. 1981.
47 Zucker, Stefan: »Heroes on the Rise«. In: *Opera News*, 4. 1. 1986.
48 Ders.: »Seismic Shocker«. In: *Opera News*, 1. 1. 1983.

PERIODIKA

49 *The Gramophone*
50 *HiFi Stereophonie*
51 *High Fidelity*
52 *Opera Fanatic*
53 *Opera News*
54 *Opernwelt*
55 *Opera*

Personen- und Werkregister